最高のサービスを
生み出す
組織のつくり方

訪問看護の社長業

ソフィアメディ株式会社創業者
水谷和美

JMP
日本医療企画

はじめに

私は、介護保険制度（2000年4月）が施行される17年前、措置制度の時代から業界の経営に関わってきた。はじまりは、日本福祉サービス株式会社（現セントケア・ホールディング株式会社〔以下、セントケア〕）であり、その創業時から取締役として参画し、訪問入浴サービスやバリアフリー住宅改修、24時間巡回介護サービス、訪問看護サービス等のスタートアップや経営管理を担ってきた。

しかし、専務取締役を務めながら、1997年頃には次代に必須となる在宅医療サービスに強い興味をもつようになっていた。2000年以降、介護保険制度の施行によりマーケットが拡大し、セントケアは成長し続け、新規公開株式（IPO）を目前としていたが、私は在宅医療サービスをビジネス化する志に従い、取締役を退任することにした。業界の経営に関わり、福祉、介護をビジネス化して賛否を問われながら20年が経過していた。

そして、2002年8月に訪問看護・訪問リハビリテーション（以下、訪問リハビリ）サービスを中心とする、ソフィアメディ株式会社（以下、ソフィアメディ）を創業し、代表取締役に就任した。2011年9月には医療法人社団ホームアレー（以下、ホームアレー）を創業し、在宅医療サービスの中核となる訪問診療ベースのクリニックを開設した。現在、東京都内城南地域（目黒区、世田谷区、品川区、大田区）に2カ所展開して、私自身は最高経営責任者（CEO）を務めている。

公職では、1997年設立時に発起人として参加した、のちの公益社団法人かながわ福祉サービス振興会副理事長や、2000年に品川区長の肝入りではじまった品川区介護サービス向上委員会（のちに品川区介護保険制度推進委員会に名称変更）の委員等を務めてきた。現在は一般社団法人訪問看護エデュケーションパーラーの理事長を務めている。

ソフィアメディは高密度戦略を順当に進め、IPO も射程に入っていたが、好事魔多し。私自身が 2017 年 3 月に骨髄異形成症候群（MDS）と診断された。病状は先の見通しが悪く、そして時間がなかった。昭和大学病院血液内科主治医の見解は「一刻も早く社会的立場を整理して入院し、抗がん剤治療をスタートするべき」であった。「会社と家族をどう守るか」。

まずは乱気を静めるのに必死であった。約 5,000 人のお客様へ迷惑をかけたくない、そして約 500 人の社員を路頭に迷わすわけにはいかないという思いであった。「白血病に移行した場合は性質が悪く生存確率が低い」と説明を受けたため、いたずらに迷って時間をロスするより、断腸の思いであるが、潔くオーナー社長を退くことを決断した。

会社を身内に承継させるか、取締役等にマネジメント・バイアウト (MBO) をするか、他社へＭ＆Ａをするかを選択しなければならなかった。時間や資金、人選、交渉等を鑑みて最も現実的なＭ＆Ａを選択した。Ｍ＆Ａの場合、私と対象の社長との人間関係が良好であることが大前提である。判断基準は「業界経営の精通度が高くお客様を第一に考えている」「社員への厚遇体質を重視する」「社会的信頼性が高い」の 3 点であった。

意中に 3 社あったが、7 月にエムスリードクターサポート株式会社(現・株式会社シーユーシー）に絞り交渉を進めていった。顧問弁護士と会計士に加え、大手の弁護士事務所や会計事務所とも契約して、秘密保持契約書や意向表明書、デューデリジェンス等の手続きや協議を行った。これは実に根気のいる仕事であった。

すでに 10 月と 12 月に第 1 回と 2 回目の抗がん剤治療を行い、それぞれ 1 カ月入院していたが、入院中も病床から指示を出し、専務や会計士、先方の専門家と何度も質疑応答を行い、12 月半ばに株式譲渡契約書の合意に漕ぎつけた。これにはソフィアメディの信田明専務取締役の陰の力は大きかった。心底信頼できるパートナーであるが、裏方に徹して実に良くやってくれた。

M＆Aは抗がん剤治療と同時に進めたため半年ほどかかってしまったが、7月から10月半ばまでは、赤血球と血小板を輸血（10月は2日に1回）しながら出社していた。残念ながら、10月上旬には急性骨髄性白血病（AML）に移行したと告知された。実際、9月ぐらいから全身に力が入らず苦しかった。特に胸が痛く、心臓が悲鳴をあげていた。主治医チームは、7月あたりから「もういい加減仕事はやめなさい」と真剣に何度も何度も忠告をしてくれたが、株式譲渡契約書合意までは野垂れ死んでも完結させる覚悟でいた。インサイダー問題に抵触するため全社員には黙っていたが、その頃には赤血球と血小板の輸血や胸の痛みが頻回となり、まともな歩行も困難となっていた。私の変調に気づき不安になった社員も相当数いたと思う。それが何よりつらかった。

主治医と相談の結果、10月、12月、2月にそれぞれ1カ月入院して抗がん剤投与をし、4月には翌月に計画した臍（さい）帯血による造血幹細胞移植を前提に強い抗がん剤を投与することになった。衰弱した心臓や腎臓への影響を鑑みると、成功確率は10～30%である。また、仮に寛解しても1年程度の入院治療生活を余儀なくされる見込みであった。

会社は、1年も社長不在であれば経営がうまくいくはずもないことは百も承知している。したがって、抗がん剤治療や移植はすれども「死を前提」として受け入れた。目の前に死があること、自分がこの世からいなくなることを覚悟すると、ものごとが鮮明に見えて決断が早くなった。腹が据わった、いや鬼神が自分を動かしていた。

2018年1月末に、エムスリードクターサポートに株式を譲渡する決断をした。自分の分身でもあるソフィアメディのオーナー社長を降りることにした。全社員に声をかけ目黒雅叙園に集合してもらい、渾身の力を振り絞って事情を説明した。溢れる涙は目の前の社員も同じだった。

私は心から社員を愛おしく思っていたがゆえに、しばらく抜け殻のような人間になってしまった。都内訪問看護No.1（売上やお客様数、専門職数、介護保険訪問看護請求の城南地域シェア≒30%）の実績をもつ、ソフィアメディが売手になるとは夢にも思わなかった。買手のエムスリードクターサポートからは、会社の収益性や健全度、成長性、生産性、資金調達力、運転資金余裕、付加価値配分バランス等で高い評価をもらった。「バランスシートが経営者の履歴書である」――私はそういうプロに徹した経営をしてきた。

通常のＭ＆Ａは、株価が高過ぎれば元をとるために買った会社のIPOを急ぐ。そして一気に変革した分、歪が大きく社員の大量退職を招いてしまうケースがある。また、不慣れな業界を経営し軌道に乗せられない場合、投下資金を早く回収するため、表面を整えてほかのファンド等へ転売することがある。そうなると社員の士気は低下してサービスの質が劣化する。何より大切なお客様を失いシェアを大きく落とす。シェア10%以下であれば地域での存在価値はない。マーケット内では、あってもなくてもどうでもいい会社になる。

私自身は、Ｍ＆Ａ時点の株価は市場評価より抑制した価格で合意したつもりである。買手の投下資金に無理がなければ、これらのことは起こりにくくなる。ここまでついてきてくれた社員が冷遇されることなく、心豊かに自己の成長を継続できること。親の祈りに近い心情であった。売却後、私は取締役を退任して会長業を務めることになった。

なお、文中のソフィアメディに関する部分的な事例等は、私が社長を務めていた2018年1月31日までの経営実務経験や自己法則がベースである。それ以降の経営方針や計画等は反映させていない。

2019年12月　　水谷　和美

推薦のことば

訪問看護制度創設のレジェンド　**山崎摩耶**
（元衆議院議員・元日本看護協会常任理事）

「あなたは何のために訪問看護事業をするのか？」

人々の幸福のためだろうか？　人生の各ステージで、勉学や仕事、暮らしと両立した適切な医療や介護を受けたいという人々のニーズに応えるためだろうか？　それとも？

いまや在宅ケアは子どもから大人、高齢者まで全世代型に多様化してきた。24時間356日、地域で活躍する訪問看護や訪問リハビリテーションなしには地域包括ケアは成り立たない。訪問看護師は在宅でケアし、治し、癒し、看取りをしているのだ。

開設に拍車のかかっている訪問看護ステーションは、「プロの看護とプロの経営の質」のシナジー（相乗効果）で真のバリューが生まれる。

この度、訪問看護制度萌芽期からの盟友水谷和美さんが人生をかけ、英知（ソフィア）を尽くして築き上げてきた地域独占の高品質訪問看護と在宅療養支援の、経営ノウハウの集大成として『訪問看護の社長業』をまとめられた。

有能な訪問看護師やリハ職が次々に集まってくる英知（ソフィア）な“マグネット・ステーション”の立ち上げ方、成功の秘訣、詳細な経営計画書など、「水谷流社長業」のすべてがこの１冊に満載！

市民の満足度と幸福感を高める訪問看護ステーション開設を願って、在宅ケアに関わる皆様の必携の指南書としてお薦めします。

目次

第3章

地域シェアNo.1を実現するための社長の営業・販売姿勢

第4章

内部体制づくりと現場環境整備の要諦

第5章 訪問看護ステーションの繁栄に向けた社長の経営計画

第6章 ソフィア経営塾で将来の幹部・起業家を育成

カバー・本文デザイン／DTP／編集協力：株式会社サンビジネス

第1章

訪問看護の業界事情と事業成功の基本条件

1 経営の実務目線

①体力より体質を優先した経営

ソフィアメディとホームアレーの２つの組織は、2002年以降、時代に先駆けて営利法人と公益法人を連携させて、訪問診療・訪問看護・訪問リハビリ、リハビリ重視型デイサービス、定期巡回･随時対応型訪問介護･看護サービスや行政委託介護予防事業などを､都内城南地域を軸にドミナント方式(地域を絞って集中的・支配的に展開すること）で事業展開してきた。貸借対照表（B/S)、損益計算書（P/L)、キャッシュフロー計算書（C/F）は訪問看護業界内でNo.1の自信がある。特に訪問看護サービスでのお客様数約5,000人、城南地域シェア30％超えは断トツである。当然、いつでもIPOが可能な経営体質を意図して構築してきた。

ちなみに、経営方針書には「体力より体質を優先する」と謳って医療専門職に意識づけてきた。また、いたずらに規模を追わない王道経営を進めてきた。深く掘り下げる経営､高密度に展開する経営に選択と集中をしてきたのだ。

2012年４月以降､わが国は地域包括ケアシステムの構築を唱え､在宅医療､訪問看護の促進を強調してきたが、すでに私は2002年８月の創業時より長期事業計画を練りに練って、「在宅医療を中核とする地域包括ケアの基盤整備が使命である」と経営方針書に落とし込んでいた。

②競争激化する訪問看護マーケットで問われる経営力

私はセントケア時代の1995年頃から大きな疑問をもって在宅介護に取り組んでいた。在宅介護の現場を安定させるのは訪問診療で、医師が診察と診療を担い、訪問看護師が介護職に許されない医療行為を担い、リハビリテーション専門職（セラピスト）の理学療法士（PT)、作業療法士（OT)、言語聴覚士（ST）が訪問リハビリを担うことであると推察していた。

2025年には高齢化率が30％を超え、そのうちの60％が後期高齢者になる。そして2040年には高齢者数がピークを迎え、その保険財政を想定してみても時代は施設から在宅へ向かい大きなうねりとなっていく。その流れの中心は、重度の方々へ医療行為が提供できる訪問診療や訪問看護、訪問リハビリサービスであり、その一番の担い手は訪問看護ステーションである。

訪問看護は2012年前後から1つのブームとなり、どこの誰が経営しても一定の売上・利益を得ることができた。介護保険では目立たないが、訪問入浴※1と同じく単価は高いほうである。訪問入浴は介護保険制度施行以前からの大手企業がマーケットを占有しているが、訪問看護はようやく異業種、他業界からの参入が増えてきて、この数年で乱立状態になってきた。したがって、「お客様に選ばれるか否か」という市場原理が働き競争が激化している。まさに経営者の経営思想や戦略、事業構造、経営体制の真価が問われているのである。在宅医療を担う訪問看護も根本はサービス業である。しかし、専門職が経営者である場合、この点が無頓着になることが多く経営を悪化させてしまう。

③専門職経営者の問題点

介護保険制度施行以降、医師や看護師等の専門職経営者が増えている。資格があれば人員基準を満たしやすいからであるが、このような専門職経営者の思いは高邁（こうまい）で実に正しい価値観をもっている場合もあるが、経営的視点に立てていない組織が目立つ。「自分は専門職として10年以上の経験があるから」や「臨床経験値が高く専門・認定資格があるから」「出身病院が近く仲間も患者も集まってくるから」「自己研鑽の勉強会には誰よりも参加しているから」「税理士に会計は任せているから」と、経営手腕とは何ら関係のない根拠に胡坐をかいている。

そういった場合の経営者は、一般の専門職と同じように現場に出ていることが多い。現場は専門職として自分の存在価値を実感できるから居心地がい

※1　デイサービスにお客様をとられてマーケットは伸びにくいが労働生産性は高く、1台1日7～8訪問で売上は10万円前後。1カ月200万円/台に対して労働分配率は50%、一般経費15%、本社費配分10～15%、営業利益率20～25%は十分可能である。損益分岐点を低くできるのが利点。セグメンテーションというカテゴリーに隠れているが、訪問入浴から創業した事業者にとって利益の大黒柱である。非上場企業では本社費が安くなり営業利益率はさらに高い。

いのだろう。これはお客様（患者様）のためと言いながら、経営を放棄して現場に逃げているだけである。

④経営者と呼べない経営者

性質が良くないのは毎夜人脈づくりと称して、会社の経費を使って飲食三昧する経営者である。当然、朝が苦手になり事業所の朝礼に参加しなくなる。そして、面倒な話が盛りだくさんの現場を見ない、声を聞かない、数日も経ってから書面でクレーム知る、さらには知っても放置する。都合が悪い情報を聞きたくないのは、指示も出せないし、対処法を知らないからだ。

また、別なタイプであるが、組織が中堅規模になっても課長級の仕事を奪って内部管理に終始する。指示の出しっぱなしでチェックして止めを刺せない。経営学修士（MBA）よろしく、はやりものの書籍に傾倒し、理屈だけで「これが経営だ」とプライド高く悦に入る経営者もいるが、これはサラリーマン社長か大企業の管理職等でしか通じない。そういった経営者の組織は力量のある部下から辞めていく。

⑤本当に大切な人材とは

介護保険マーケットでは時に成長著しく進む社長もいるが、自分にとって都合のいい人が良い人、つまりイエスマンが良い人と大きく勘違した人事をして、真に心ある社員や古参社員のロイヤリティを損なってしまうこともある。外部から人材を連れてくる場合、食客か、社長の提灯持ちか、幹部候補かを明確にしておかないと、部課長たちは距離を測れず本来の力を発揮できなくなる。他業界の実績者だが、医療・介護業界の事情や経営実務を知らない輩が虎の威を借りて跋扈すると、正常な感覚をもったどこでも幹部になれるような優秀な社員から去っていく。

私もセントケアの上場前に相応の経験をした。立派な学歴、経歴をもつ人材を集めてきたが、そのうちの８割ほどが受験でピークが終わった、お為ごかしばかり言う者たちであった。経営者は心眼を鍛えていないと、こういった人材が会社の将来を担う者と肩入れをし過ぎて、福祉や介護事業所の草分け的な現場の苦労人や功労者、真に縁の下を支えた社員たちを、悲しいかな退職に追い込んでしまう。私は、このような“鳴り物入りの能力者たち”から、現場やお客様を真剣に憂慮する、お客様の要望を本当に大切にするという話を聞いたことがない。さらに皆、経営手腕などなく、人の小さな失点を鬼の首をとったかのごとく大袈裟に吹聴して、社内を委縮させることが特技であった。文字通り、“角を矯(た)めて牛を殺す”である。そうして内部管理や大量の手続き、データ集めで疲弊し本社しか見ない“ヒラメ”になっていく。これでは局地戦で真剣勝負をしている地元の中小に負けてもしょうがない。しかし、しばらくすると、この“鳴り物入りの能力者たち”はB/Sでいう含み損となり、どこかしらへ消えていった。

彼らは皆、お客様が中心にいなくなるから内向き思考になるのだ。「お客様が大事」と念仏的に唱えるだけでその経営実務を知らない。大切な売上も給料も利益もすべてお客様からいただいている。社長業は「顧客の創造が経営の根幹に必要である」ことを知らなければならない。お客様は自分の要求を満たしてくれない会社から無警告で去っていく。実に恐い存在である。

ほかの例では、社員に経営者意識をもたせるとして「全員経営」とか「自走経営」とかのお題目を唱えているものの、実践の現場では誰もクレームやトラブルの対処をしないし、重要事項の止めを刺さない。また責任をとる意思が薄弱で、お客様のご要望などまったく拾えなくなっている。結果、マーケットのシェアを落としていくばかりであるが、これは社長業の怠慢以外のなにものでもない。経営者の経営姿勢が悪いのだ。社員のような社長になっていて、最も大事な経営方針が社長の身から匂ってこないのだ。

⑥気持ちや勢いだけの経営では限界がくる

訪問看護が「時流だからもっともっと」と成長と拡大を急ぎ、覇道の経営を行うと、専門職としての熱い思いや過去の業務実績だけでは社長業が務まらなくなる。経営者としての正しい姿勢や事業の方向性を決定する戦略の立て方において、経営者自身が地べたを這い蹲(つくば)って七転八倒した経験や、成功と失敗に裏づけられた実務から得た理念が必要となる。しかし、それを具体化する術に乏しく、勢いだけでなんとかなると思っている。だから組織はいつも不安定で、収益構造も赤字体質が続く。

また、制度変更や法改正なども含めて経営管理（人事、事務、総務、教育・研修、営業・渉外、請求、回収、IT系への投資など）が難しくなってくるが、コストが惜しいのか、すべて自分や部下の専門職で解決しようとする。指導力を磨いていないから総合職を採用もできないし、彼らを使えないのだ。

⑦拠点を広げるリスクを認識する

問題のある経営としては、ほかにも土台が脆弱なのに拠点を広げることが挙げられる。基準をクリアした指定訪問看護ステーション（保健師、看護師または准看護師が常勤換算で2.5人以上必要などの人員・設備基準がある）ではなく、サテライト（アパートでも1室借りれば支店扱い、人員・設備基準なし、無人でも結構）で相当数もの拠点を設けている。大規模に見せることでお客様を集めたいのだろうが、経営的には散らかるだけで労働生産性は上げられず、給料も上げられなくなって報酬体系が混沌とする。

内実は正規の管理者を1人だけおき、支店は看護師の資格をもたないセラピスト等に管理機能を負わせた人材配置をしている。人件費が過大になるため、仕事があるときだけ人を出向けて支店を機能させる。当然、24時間365日対応の要望には体制的に応えられない。何より1つの支店で不正や基準違反等があれば、本店と全支店が1つの指定訪問看護ステーションとして扱われ、全カ所が指定取り消しとなる。連座制でもなんでもなく、支店が数十カ所あろうがすべてを閉鎖しなければならない。このような場合、社長はこういったリスクを社員に深く説明しておくべきである。

私は、1つの指定訪問看護ステーションに1つのサテライト（支店）が責任のとれる範囲と考える。そうでなければ管理者の目は届かない。この点は実務経験者として強く語ることができる。これらは、PT、OT、STの訪問リハビリの紹介を増やして、儲けの構造をつくりたいという心理が見えてくるが、事業構造としては看護体制が脆弱過ぎて、これでは訪問看護ステーションではなく、訪問リハビリステーションである。各ステーションが指定を受けていれば、前述したケースは1つの指定訪問看護ステーションだけの取り消しになる。そうであれば、そのほかは運営の継続が可能なため、社員やお客様への迷惑も最小限となる。コストはかかるがコンプライアンスやガバナンス、社会的責任のセーフティネットは確実となる。

⑧経営は経営管理のスペシャリストが担え

営業面では管理者だけでなく専門職に紹介先回りを兼務させているが、生来教育の根本が違うため無理が大きい。よって、紹介先からは敬遠されて、損益分岐点を超えるお客様（患者様）が集まらない。当然、人件費や経費を稼げなく赤字となってしまう。苦肉の策で社長個人が融資を受けて、それを増資に回し糊口（ここう）を凌ぐことになる。会社は資本金の増額となるが、金融機関や経営に精通した者からは、会社と社長の借入は一体のものとしてしか評価されない。その現実を知るべきだ。

いよいよ困ってその道のコンサルタントに依頼すると、おおむね大企業系の経営管理を取り入れてしまい、お客様を忘れた内部管理中心の組織をつくってしまう。管理屋が跋扈（ばっこ）するとろくなことはなく、本部向けの資料づくりばかりが増えて、親身なお客様サービスが提供できなくなるのが常である。お客様のご要望に応えること、クレーム処理や環境整備の徹底は経営方針の要諦であるが、ピントがずれてしまうのだ。どんな事業、医療・介護サービスであっても、「お客様の要求を満たすこと」がその本質である。

また、同業他社の真似、模倣ばかりして社内外の方々の顰蹙（ひんしゅく）を買い、信用を失う会社もあるが、社長の虚栄や私心の強い場合が多い。こういう専門職経営者は部下にP/LやB/Sを見せないし、まともな説明もできない。開示すれば公私混同がばれてしまうからだ。社員もお客様もお金儲けの道具にしており、皆を思いやる深い情に欠けている。喜怒哀楽の機微を知らないのだ。解決策は、専門職経営者は専門性の統括に生きて、経営は経営管理の専門家を採用して役割分担することである。

⑨将来の訪問看護のあり方を見据える

すでに訪問看護ステーション数はわが国の当初計画数（1中学校区に1カ所）に近づいてきたことから、この先は2：8の原理が働き、上位20％の組織で市場の80％を占める現象が起きてくると思う。後継者不在や教育・研修投資不足、昇給・報酬の停滞、人員基準・施設基準の遵守不可、資金繰り困難の結果、地域での競争力が低下してM＆Aや廃業を検討しなければならない会社も出てきている。訪問看護は高い労働生産性を導くことが困難な事業のため大企業が参入しにくいが、先々のAIやIoT社会においては、労働生産性に革命が起きる可能性は大きい。5年、10年先を見据えて、それらへの人的・設備投資比率は毎年高くしていくべきである。鈍感では務まらない。

社長業は、絶えず環境や社会変化を読んで将来の方向性を決めていくこと、そして長期的な高収益構造をつくることである。それが社長の仕事である。

前段が長くなってしまったが、訪問看護業界の安定と健全な成長のため、何よりわれわれを必要とするお客様（患者様）からのさらなる信頼性向上のために、30年以上にわたる私の経営実務・経験をいくつか開示したい。

2 ソフィアメディ創業時の経営戦略

①公益法人経営と営利法人経営

法人とは大きく分けて公益法人、中間法人、営利法人がある。公益法人は学校法人、社会福祉法人、宗教法人、医療法人、各種社団、財団などで、中間法人は非営利団体（NPO）、非政府組織（NGO）、農業協同組合（農協）、生活協同組合（生協）などである。そして営利法人は株式会社、有限会社、合資会社である。

介護保険制度下では、すべての法人が施設基準や人員基準をクリアすれば各サービスの認定をもらうことができる。医業は医療法人か医師個人での開業と定義され制度に守られているが、介護保険制度下ではすべての法人がライバルとなる。

②営利法人への訪問看護の解禁

訪問看護においては、1999年3月までは公益法人しか認可をもらうことができなかった。要するに医療法人社団、財団の病院または医師会、市区町村の運営で成り立っていた。日本看護協会しかり、訪問看護財団や業界営利企業団体等の尽力もあり、2000年4月の介護保険制度施行1年手前の1999年4月に営利法人にも門戸が開かれた。

「営利企業は出退店が激しく地域医療には合わない」「神聖な医療行為に営利企業が参入して利益追求とは」と批判ムードではあったが、私はセントケア時代、すでにアメリカのホームケア(当時はスタッフビルダーズとマスターライセンス契約をしていた)に学んでおり、横浜市南区に営利法人第1号となる訪問看護ステーションを開設して、一定の経験値やノウハウを身につけていた。

③スタートは公益法人と競合

その後、ソフィアメディで品川区小山に訪問看護ステーションの第1号店を開設したが、その頃はまだまだ公益法人が多く、医師会や医療法人経営の訪問看護ステーションが競合となった。

通常、ヒエラルキーのトップに君臨する医師のいる組織は、実に上から目線で疎通が悪く敬遠したいところである。基本は同じ法人内で完結させるものと思っていたが、ひれ伏すような態度で接近して退院患者様（お客様）を紹介してもらいに行くと、医療法人や医師会経営の訪問看護ステーションは縦割りであり、さほど横の連携がとれていないことがわかった。また患者様が第2次商圏的に点在するため、自前で対応できるところが限定的で、職員は役所仕事的になっており、極めて生産性の低い体質であった。

1日5～6訪問は可能なところ、3訪問程度で、さらに1訪問当たりの滞在時間が長い。月単位でみると50～60訪問程度である。楽して働かないのに給料は高く、法定福利費など給料の1.15倍ほどが人件費としてかかるが、それを稼いで終わりであった。経費や利益は出ていなく、存続の危機を感じた。

ある組織の医師と看護師は、「医療は利益を出してはいけない。医療はサービス業ではない。でも昇給はしてほしい」と言う。何を言わんや、である。昇給原資はすべて利益が前提である。病院事務長傘下とか医師会理事とか経営音痴がトップだから始末が悪い。

この地域では2017年までに港区医師会と目黒区医師会が継続困難となり、訪問看護ステーション運営から撤退したが、周りは誰も何も困らない。

④強固な営業体制を構築

創業時、このような公益法人と競合する状況をチャンスと受けとった。私はサービス業に徹した営業を開始した。「販売なくして経営なし」である。

実はソフィアメディ創業時は、看護師の人員基準2.5人以外で総合職を7人雇用していた。「強い営業体制を構築する。専門職に対して専門外の仕事を後方支援する」という姿勢であった。結果、管理者や専門職がより看護やリハビリ現場、お客様に集中できるような事業構造がつくれた。

また、信義や軋轢を鑑みてセントケア出身者は誰一人受け入れず、すべて素人集団からはじめた。詳細は後述するが、行政担当、大中小病院医療福祉連携室、居宅支援事業所ケアマネ、高齢者集会所、高齢者クラブ、またあえて医師会訪問看護ステーションなど、それぞれに回数を決め、地域マップ等の資料セットを整えて、訪問した。全事業所、関係機関で1～4回目までの訪問内容をパターン化し、対応力、応答の良し悪しを主観的にまとめて、一定期間でABC分析を行った。その分析結果から、上位は濃厚に、下位は簡単にと訪問頻度と情報提供内容を変えていった。行かないところも決めた。社長であれば、「やらない。行かない」等を明確にするべきである。そうすることでやるべきことに集中できるからだ。

当時、定期訪問をする事業者は皆無であり、最初は胡散臭く思われたが、次第にお役立ち情報などを期待する人や制度の相談、経営相談なども増えていき、それに比例してお客様の紹介に繋がっていった。

これらはまず、社長の私が総合職を引き連れて実行した。自転車を買うお金を惜しみ、毎日10～15kmを歩いて訪問した。封印したゴルフを毎日しているようなものだ。しかし、想定外の成果もあった。地域や地勢の特性が頭に入り、競合の位置や距離感を直接知ることができたのだ。さらに競合の自転車やユニフォーム、雨具、他設備の優劣も把握できた。今後の出店位置も想定でき、実に意義のある期間であった。

総合職には私のお客様の紹介営業の最前線をじかに見せていった。営業のプロを自負する私の一挙手一投足は、何よりのOJTになったのではなかろうか。

⑤立ち上げから 8 カ月後

8 カ月後には目黒区の学芸大学駅近くにも出店したが、品川区内の在宅介護支援センターからの紹介率は断トツの No.1 となった。専門職の 1 人当たりお客様数は 20 人ほど、1 カ月の訪問回数は 88 回以上となっていた（表 1-1）。

しかし、3 年間は人材の採用と教育投資、出店投資を先行させ 4,000 万円の累積赤字と長期事業計画で決めていたため、全社で"健全に損失"を出していた。

この頃のトピックは、指定認可をもらい、その 2 カ月後に第 1 号の PT が入社して、地域のリハビリニーズに応えはじめていたことだ。このことは当時では非常に珍しかった。この PT の女性はいまも活躍しており、現在 300 人近い後進セラピストの励みとなっている。結婚と 2 度の出産、子育てを経てきたなか、最近ご長男が受験と聞き、訪問リハビリの先人としての苦労を重ねながらも、しっかりと生活と両立させてきたことに感心しきりである。

ソフィアメディには長く勤めて貢献してくれる人間力の高い社員が多い。

表 1-1 年間売上 1 億円規模の損益と人員、労働生産性、課題の捉え方

お客様 20 人 / 人、88 訪問 / 月・人の損益の概要

- 30 日 /7 日・週 ×9,300 円 / 回・人 ×20 人 / 月 ≒ 80 万円、年間売上 960 万円 / 人。
- 2017 年以前の看護・リハビリの概算単価は 23 区内特別区割増等で 8,300 円⇒ 9,300 円。2018 年以降は 9,100 円前後が相場となり、リハビリ偏重はさらに下がる。
- 20 人担当とは週 1 回を原則とすると、5 人 / 日 ×5 日 / 週 ×4.3 回 / 月 = 108 訪問 / 月となるが、統計的なキャンセル率を考慮すると、看護で 0.8、リハビリで 0.9 ほどの実施率となる。

よって、

看護で　108 訪問 ×0.8 ≒ 86 ～ 88 訪問 / 月

リハビリで　108 訪問 ×0.9 ≒ 97 ～ 100 訪問 / 月

程度となる。

年間売上1億円規模の訪問看護ステーションの人員と労働生産性

看護師6人程度、PTかOT3人、ST1人、事務1人、渉外担当1人配置で前ページ記載の訪問数を確実に実行すれば年間売上1億円が可能である。専門職は常勤半分、非常勤半分となることもあり、その場合は総勢20人＋2人＝22人の集団となる。

・960万円×10人＝9,600万円/年、お客様数20人/人×10人/専門職＝**お客様200人を確保**。

・お客様の紹介から成約に繋がる確率は約50％である。要するに年間**400人の紹介が得られて成立する**。

・労働生産性は常勤社員1人をベースに換算して算出する。

上記から労働生産性は、9,600万円÷12人＝800万円/年・人となるが、本部人員（社長や管理人材も入れて全体で見ると、社長ほか幹部、人事総務、経理が5人と計算）を含めると9,600万円÷17人＝564万7,000円となる。これは社会的には極めて低い労働生産性である。これをいかに高めるかは後述する。しかし、この規模では専門職社長は現場をもつことが多いため、多くは本部人員として渉外、経理、事務と3人程度しか投資していない。専門職（6＋3＋1）＋間接人員（1＋1＋1）＝13人。

よって、

9,600万円÷13人＝783万5,000円/年・人

ほどが労働生産性の実態である。

課題は紹介400人を得るための訪問営業と連携、イベント、媒体の駆使が必要

ソフィアメディ第1号の訪問看護ステーション小山は、品川区、目黒区、大田区の区境、世田谷区の近隣に出店して16年経過し、上記の標準モデルケースを大幅に超えている。年間売上1億8,000万円以上、営業利益4,500万円以上（ここから本社費用を配分する）、労働生産性で1,000万円/年・人前後と高収益事業所である。リーダーやスタッフの士気が高く理念を踏襲していることが強みであるが、地域戦略が功を奏して順当な増客ができているからでもある。

出店時は、その地域は医師会や大手病院が強いかどうかを判断基準とするが、決して強くない地域に出店して彼らのオーバーフロー分から受け入れていく。その後24時間対応など強みを強化してお客様思考を徹底すると逆転現象が起きてくる。試行してみてほしい。

これは経営者冥利に尽きるところである。何のために仕事をするのかという問いには、「英知を尽くした医療を提供してお客様の自己重要感を高め、生き甲斐を創造する」というソフィアメディの経営理念が答えである。これは全社員のよりどころになっている。

長年、地を這うように福祉、介護、医療の実務に徹し、思想＝価値観を深く問答してきた経営理念は、面接や入社時の社長レクチャー、日々の朝礼での朗読で浸み込んでいる。私自身、理念から外れた事業やサービス、エリア展開はやらない。理念は判断基準を明確にする。第５章でそのエッセンスを披露したい。

3 質の高さは利益に直結する

医療専門職に訪問看護ステーションや訪問診療クリニックの経営レベルを向上させる方法を問うと「看護や医療の質の向上が大事だ」と言う。営利企業では「商品やサービスの品質の向上」となるが、どこも当然追求しているお題目である。医療専門職の場合は、専門性の追求や総合診療の経験値を上げるなど、質の向上＝何を身につけるかであり、すべて自身の勉強や自己成長的な発想となってしまう。せめて、自分の看護や治療のどこが通用しないのか、デファクトスタンダード（標準治療）からどこが逸脱しているのかなど、客観性をもって患者目線の視点で提案してもらいたい。病院の理事長や院長は社長業に相当する立場であるが、病院も診療所も訪問看護ステーションも経営者不在なのではないかと思えるほど、地域でその存在を実感したことはない。

・質の高い経営でないと資金繰りが悪くなる
・質の高い経営でないと紹介が増えない
・質の高い経営でないと昇給ができない
・質の高い経営でないと教育・研修投資ができない
・質の高い経営でないと人材確保ができない

これらが経営レベルの優劣を決める大事な課題であるのに、医療専門職は自己本位の抽象的な質を追求している。社長が問う「質の高い経営」とは、すべて単位当たりの数字で、過去との比較、地域同業者との比較、他業界との比較において優位かどうかである。

・1日、週、月当たりの訪問数
・1人当たりの訪問数、売上、利益
・1ステーション当たりの売上、利益
・1カ月当たりの紹介数・決定率
・1人当たりの労働生産性
・1人当たりの報酬
・1人当たりの教育・研修投資

これらが高いことが「質の高い経営」である。これを実現する過程では当たり前に教育・研修投資が比例するものである。教育・研修の根本は次の通りだ。

・会社の経営方針の理解（理念、何のために仕事をするか、お客様第一の姿勢など）
・従事者研修（訪問看護・制度の基本、OJT、メンター制度、クレーム処理、トラブル対処）
・礼儀、礼節、マナー、エチケット、言葉使いなど、人間力の向上
・統計的に在宅で多く遭遇する疾病、事例への対応力の強化、経験値比較の理解
・地域関係機関との連携力、密度を濃くするスピード、コーディネーション、気配り

これらの基本から応用、専門性と人間性、その範囲は多岐にわたる。その徹底が質の担保に繋がり差別化となる。学歴や資格、技術論に胡坐をかいていては、サービスを提供する組織として、この先選ばれる理由がなくなっていく。「感性が求めるものを実現するための手段が理性」である。感性を高めて強く、強くお客様に必要とされる存在にもっていくことが、社長の実務である。

4 儲かる訪問看護ステーション３つの秘訣

コンサルテーションでよく相談を受けるのが、どうやったら儲かるのか、人件費の増減が激しく黒字にならない､社長として高額報酬を受け取りたい、旗（目標）を遠くに立てたいがどうしたらいいのかなど、黒字健全経営、できれば無借金という都合の良い話が多いが、これが懸命に事業の将来を考える社長の本音である。

「衣食足りて礼節を知る」ではないが、社員への厚遇や社会貢献等は、衣食（経営環境）を整えてからでないとおぼつかない。

訪問看護ステーションの経営の秘訣を先に列記すると次の３つだ。

① 経営方針書があること

② 経営と専門領域が役割分担されていること

③ お客様活動に集中して最小限管理を徹底していること

専門職社長には、よく理解できないかもしれない。力の入れどころが違うと思う。

①経営方針書があること

経営方針書があるということは、家でいう大黒柱がしっかりしているということと同じである。経営理念や使命、展望と社長の思想や哲学、またはロマンなど、さらに実経験を通した「何のために事業を行っていくのか」という強い意志力が感じられなければ、社員の一体感をつくれない。学歴、知能の高い社長は博学ゆえの難しい言葉の列挙で自己満足しているが、その思いはいまひとつ、皆に普及しない。また、高名な方々をコピペした内容は板につかず社員に見透かされる。

理念は社長の人生哲学や思想、主義主張、艱難辛苦（かんなんしんく）から絞り出したワンフレーズで表すことに説得力がある。きれいなキャッチフレーズやスローガンばかり掲げても腑に落ちていなければ自分も社員も自信と誇りをもてない。また、社員目線でまとめさせた理念は心の琴線に触れるレベルではなく、お客様や転職者の心を動かさない。結果、業界で特化された存在にはなれない。
創業の志が高ければ最初はそれで結構だ。経験が浅ければ数年実務を経てから理念を掲げればよい。優良企業は創業以来、粛々と理念を守り、ぶれずにその価値観を大切にしている。アップデートはしても本質は外さない。
有能な訪問看護ステーションの社長は経営のよりどころが理念にあることを知っていて、飲食を交えたり、会議の冒頭で確認しあったりと、上手に社員全員に理念の共有を図っている。社長が理念の普及を怠るようでは、アイデンティティを深める点で実にもったいない。これは社長の仕事である。

②経営と専門領域が役割分担されていること

特に専門職社長の場合は、会社が一定規模（社員10人ほど）以上になったら、経営に専念するか、専門性に生きるかの方向性を決めるべきである。虻蜂取らずで、経営も専門性も双方追いかける社長には無理があり、停滞して組織を腐らせてしまう。社内の環境整備に気配りができず、悪習慣が蔓延してタコツボ社会をつくっていることもある。
がん細胞が正常な細胞と情報交換をしないように、タコツボをつくる社員は一体感を壊して皆との疎通を避ける。タコツボで扇動するのは会社批判や指示、命令無視、退職をほのめかすなどの組織存続の脅威である。人員基準に縛られる社長は、日々が針のむしろでなす術がない。「借金までしてやらなければよかった」と思う瞬間である。
これに立ち向かうには、経営に徹する自分になるか、別の適任者を採用するかであり、まずは経営管理の徹底を図ることが必要である。これは痛みを伴い、特に間接人件費が増えて一時的に総人件費が重くなるが、経営方針書で時系列に回復していくシナリオをつくっていれば心配ない。
自分が専門性を統括する立場を選択したのなら、技術の質においてどこにも負けない教育・研修体制をつくることである。演劇にたとえるなら、舞台で演じるアクターやアクトレスが専門職スタッフで、舞台を支える演出や世話役、大道具、小道具、照明、観客動員、公演経営等の後方支援が管理スタッフということになる。その舞台表現者のトップが専門職統括、後方支援のトップが経営管理統括となる。実にわかりやすい構図だと思うが、生業から脱出できない劇団は、舞台表現も後方支援も両方兼務しなければ成り立たない。

訪問看護ステーションの経営もどちらを選択するかである。

社長なら「長く社員を厚遇して報酬も業界平均より10%高い」や「継続性を強くして年齢の増した職員も若手も混然一体化してやりがいがもてる」というような経営をめざすべきである。これは役割分担がされた組織でないと実現の可能性は低い。

社長は報告⇔連絡⇔相談が早く、正確に上がる組織づくりを問われる。スタッフは、都の監査指導対応や訪問診療からの指示・連絡、ケアプラン事業所等への情報のやりとりなど、日々忙しいが、さらに本部用の管理項目（くだらないデータ集めや経理や総務仕事の社内手続き、業界のわからない“鳴り物入り管理職”への報告など）を増やし、それにより時間を奪われて疲弊し、労働生産性を落としている。管理部門は合理化を突き詰めて、必要最小限の管理項目で現場スタッフを鼓舞することが役割である。

ソフィアメディでは、創業時から本部と管理者・専門職を意図して（コストをかけてでも）役割分担してきた。訪問看護ステーションは、管理者が中心となってすべてのお客様（部下の訪問現場）に集中できるような体制を構築することで、落ちついた対応や安全性、信頼性の高いサービスが提供できるのである。

③お客様活動に集中して最小限管理を徹底していること

患者（病院用語）様、利用者（役所用語）様のためと取り組む姿勢はいいのだが、個人プレー化して、お客様からの気まずい話やクレーム、ご要望を上司や社長に上げないなど、ご都合主義が蔓延している訪問看護ステーションもある。お客様へのサービス提供上いろんな我慢を強いている可能性が高く、いまどき実に失礼な組織体質をつくっている。これは社長が専門職であるため組織を経営する要領を知らず、ほぼすべての行為をそれぞれが個人事業主のように動かざるを得ないのである。職人たちがつくるさらに閉じた個人事業主社会は、お客様は自分についており、自分のものと考え、経営者には実態の見えない環境となる。問題があっても責任はとらず、困ったときだけ会社の責任にするのが常である。

こうしたケースでは、少なくとも総務的な事務処理報告、お客様情報・渉外報告、請求事務処理報告を本人→上司→社長、小さい組織であれば社長直結とするよう厳守させることである。そして、コストをかけて総合職、事務職を採用して専門職の手間を軽減して、専門職が訪問活動に集中できるよう配慮するべきである。生産性が上がるからコストは吸収可能となる。

また、社員100人あたりから、人事、総務、教育・研修、営業、渉外、請求事務、会計と管理畑の社員が必要になるが、内部で育成できないところが多く、外部からそれに相応しい総合職を引っ張って来ることになる。社長が会社経営における今後の自分の役割を理解した変化をすれば、現場と管理のバランスを上手に取ることができるのだが、ほとんどの社長は採用した総合職が自分の専門性以外の知識と経験をもっていることに感心して、さらに感化されてしまう。結果は管理業務に偏重してIT化やAI時代をも意識した、人事投資の計画実績データ、教育・研修の費用対効果データ、渉外訪問回数の対計画実績データ、訪問現場のあらゆるデータ（勤怠、訪問時間、対計画訪問実績数、キャンセル数、事務処理等）、請求回収にまつわるデータ、損益計算上の分析データなどが一番大事となってしまい、これらの下仕事を平気で現場スタッフに求めてしまうのである。

現場は実務の負担が増えても、働き方改革で既定の時間に帰宅するよう促されるため、自宅や休日に対応しなければならない事態も起こってくる。管理屋が求める情報、データの提供が現場の一番の仕事になってしまうと、お客様へのサービス提供の評価や改善、ご要望の受け入れ、さらなる提案などもできず、訪問看護サービスの品質が低下していくことになる。

社長の仕事は、管理屋の人数、配置、職務分掌、権限、責任の範囲を明確にして、彼らへ裏方に徹するよう経営方針書に明記して指導することである。基本は現場の間接仕事を拾い上げて管理屋がフォローする体制が大事である。専門職がお客様と接する時間を多くとれる体質が信頼される。要するに、現場への管理は最小限にすることがレベルの高い看護、リハを実行する秘訣なのだ。

関東にある優秀な訪問看護ステーションでは、チャットワークを利用してお客様の状態をスマホで書き込み、全員で共有している。草創期からGoogleのスプレッドシートでお客様情報をすべてオンラインで確認できるように合理化を図り、専門職の平均訪問数は100を超えている。指定とサテライト1カ所を運営して、事務はあえて3人体制（スタッフ20人以下であれば1人でも大丈夫）とし、事務が訪問計画も立てて専門職の間接仕事を徹底的に削ぎ落している。365日24時間で重度の方々を多く受け入れていても、高い労働生産性を誇り、経常利益は20%、残業はほぼなく計画的に休日も休めている。装置産業のコツを知っているのか、社長の経営感度が実に良い会社である。

5 スケールメリットで経営の安定化を図る

概算の損益計算をp.21の**表1-1**で示したが、訪問看護ステーションは年間売上1億円を超すと安定感が出てくる。これは余計な人員を採用せず精鋭部隊12人で可能である。この場合、社長はプレイヤーでもあり経営者と兼務である。

年間売上1億円を超えるには、訪問看護6割で120人、訪問リハビリ4割で80人、おおむね200人のお客様を絶えず保持していなければならない。開設から3年程度でこの規模に到達していくのが通常であるが、ここで止まってしまうケースだと労働分配率は75%であり、一般経費20%前後で管理して営業利益5～10%（500～1,000万円）を保持していくことになる。営業利益500～1,000万円のうち、ざっと6割の300～600万円は毎年内部留保が可能となる。

社員の人件費は年間（専門職：500万円×9人＋事務・渉外：350万円×2人）×1.15（法定福利費）≒6,000万円。社長の人件費は、1億円×0.75（労働分配率）−6,000万円＝1,500万円、給料は年間1,500万円÷1.15（法定福利費の会社負担分を割り返す）で約1,300万円になる。経費や利益を絞り2,000万円ほど年収を取っている社長もいるが、借金の返済に充てているケースが多い。

表1-2には同規模の訪問看護ステーションを3カ所展開した場合の労働分配率等の概要を示した。人材の流動化が激しく紹介費用が嵩む、駅近でないと人が集まらない、きれいな事務所でないと人気がないから高額家賃物件

表 1-2 訪問介護ステーション 3 カ所に展開した場合の労働分配率等の概要

年間売上 3 億円

人件費 社員（管理者、事務、渉外 1 人ずつ含む）：1 億 8,000 万円（労働分配率 60%）

社長・本部人件費 4,500 万円（労働分配率 15%）

一般経費 4,500 ～ 6,000 万円（対売上比率 15 ～ 20%）

営業利益 1,500 ～ 3,000 万円（対売上比率 5 ～ 10%）

- 社長の人件費は年間売上の 7%とし、3 億円 ×0.07 = 2,100 万円。給料は 2,100 万円 ÷1.15 ≒ 1,800 万円（月 150 万円の給料は妥当なレベルである）
- 本部人件費は 15%−7% = 8%で、3 億円 ×0.08 = 2,400 万円。給料は 2,400 万円 ÷1.15 ≒ 2,100 万円（人事・総務部長 600 万円、教育・研修課長 550 万円、渉外課長 550 万円、経理 400 万円）
- 社員は専門職 8 人 ×3 カ所 + 事務・渉外 2 人 ×3 カ所、社長ほか本部総合職 5 人で 35 人。専門職 24 人、総合職、事務職 11 人となるが、約 3 割で専門職を後方支援する体制はこの規模であれば内外に安心感を与える必要な比率である
- 週 3、4 日ほどの時間制約を求める社員を採用するならば、総勢 50 ～ 70 人が必要となり結構な所帯である。大事なのは就業規則や制約等を適切にまとめて機能させること。そうでないと混乱が大きくなる
- 内部留保は単純計算で利益の 60%ほど可能なため、毎年 900 ～ 1,800 万円ほど積み立てられる。この経営内容であれば無借金も可能になる。自己資本比率をしっかり高め、金融機関の信頼が厚くなり次の出店が楽になる

へ移転する、時代の趨勢(すうせい)に合わせた IT 投資、24 時間 365 日稼働の各種手当の充実、退職金積立の充実、教育・研修投資費の増額等、絶えず競争に晒されている事情を鑑みると、長く経営を安定させるには創業から 5 ～ 10 年で訪問看護ステーションを 3 カ所開設することをめざしていくべきである。この場合、地域を飛ばさずシェア 30%を勝ち取ることが肝要である。そうであれば大手にも負けない。

6 専門職との一体感・人間関係バランスの取り方

①困ったスタッフとのコミュニケーション

表1-3に挙げたような一体感の取りにくいスタッフによって、訪問看護ステーションの人間関係を壊されてしまった場合、経営者としてどのように対処すべきか。

こういう時は「朱に交われば赤くなる」を教訓にして、素早い対応が必要になってくる。膝を詰めて話し合い、可能な限り指導していくが、社長自らが個人に理念やビジョンを語る場を多くもつことが重要である。

個人単位やステーション単位で飲食を共にしてトップが胸襟を開くと効果が大きい。看護師紹介で年俸500万円の20%である100万円を支払うことと比較した場合、何度か飲食を共にしても月30万円はかからない。

②人材に翻弄された草創期

ソフィアメディを創業し、訪問看護ステーション小山、学大、自由が丘をスタートさせたが、3年前後でそれぞれ3回、管理者以下ほぼ全員が交代し

表1-3 一体感の取りにくいスタッフ

- 経営者や管理者と相性が合わない
- チーム内でコミュニケーションがうまく取れない
- 周りが腫物に触るような態度になって孤立する
- 病院の患者目線が抜けずお客様に馴染まない
- 外部のケアマネ等と疎通が図れず、仕事が消去的になる
- かつての上司や同僚のはじめた同業に声をかけられている
- その会社のノウハウを盗むために一時的に就職した

た。これは魑魅魍魎を集めてしまった私の人事センスでもある。

訪問看護が草分けの時代は、志を高くもつ看護師等は少なく、24時間はやりたくないが、休みが多くて給料が良いからと訪問看護に転職してくる人が目立った。しかし、実態は病院や施設で人間関係等のトラブルを起こして転職してきたのではないかと疑った。それというのも、5年以上の臨床経験者を基本に採用したが、次のような人材の例もあったからだ。

お客様を連れて地域の新規事業者へ転職してしまう管理者。タコツボ組織をつくり正常な人を仲間外れにして辞めさせる管理者。常軌を逸した潔癖症で雑巾の位置がずれているだけで不機嫌になり部下を責める管理者。突然出社しなくなりそのままなし崩しに出勤しなくなった医療職。表裏の顔が違い、裏の顔で仲間をいじめて辞めさせてしまう医療職。その人がいると財布などがなくなると言われた医療職。時間にルーズで嘘が多く内外から嫌われた医療職。

さらに、本性を疑い一度は断ったが、事情により致し方なく採用したある医療職は、数年後にとんでもない事件を起こした。ソフィアメディで給料を貰いながら（年俸制だから月額が高額で痛い）、勤務地近くに自分のステーションを起業（都へ申請もして認可も取っていた）していた。一部のお客様のカルテに「ソフィアメディの訪問看護サービスは終了」と記し、翌日から自社の訪問看護ステーションでサービスを再開していた。サービスを強制終了させ翌日に自社へ鞍替えしサービスを開始するとは、立派なカルテの偽装である。

見方を変えるとこんな楽な訪問看護ステーションの立ち上げはなく、営業コストもなしで入れ食い状態だったろうと思う。別のスタッフから「朝礼後、訪問もないのにいつも夕方まで帰ってこない」と何度も相談があった。心ある外部関係者からは「指示書やケアプラン変更依頼など不穏な動きがあるが、大丈夫か」と通告されたが、呑気に構えていた私が腑抜けだった。それにしても悲しいかな医療職であれば心根は真摯であってほしい。

このような想定以上にとんでもない人材や事態に遭遇してきたが、これらの経験は組織を根っこから逞しくしていった。

また、なぜか創業草創期は、自転車事故も結構な頻度で起こり損害賠償交渉に手間暇がかかった。高額な保証金の受け取りや、症状を固定するまでとその後の治療に高度な医療が受けられるよう地道に交渉した。しかし、当の本人は当たり前と思うのか、お礼を言われることがなかったのが寂しかった。怪我をしたスタッフは何日か休むため売上は大幅に下ぶれする。文字通り、泣きっ面に蜂だ。

それでも、全体的に見ると私は人事の失敗に懲りるどころか、専門職や総合職を食事に連れていき、カラオケ等に一緒に興じながら経営理念等をよく語って地固めをしてきた。

③人への投資を重視し４年目で黒字転換

４年目には山王や三宿を開設して５カ所を運営し、長期事業計画通り黒字転換となった。このあたりでは依然、管理者になりたがらない看護師たちであったが、"期間限定"とか"管理者補助"とか"管理者心得"などと給与明細に題目を設け管理者手当を払い、一方ではしっかり地域の理解を得て、指定訪問看護ステーションを出店していった。

この頃、特別に留意していった点は次のようなことだ。

- 月２回管理者会議（本社会議）の課題解決姿勢強化、制度、請求など共通認識の強化
- 半年に１回、土曜日終日、社長の時流説明やチーム検討会を行い管理者研修の内容を濃くした。終了後はおいしいものを囲んで大親睦会を開き、本音のトークが結束を固めた
- 教育・研修費を明確にして内部研修メニューを増やし、外部研修への費用も負担した
- 著名な講師を招いて講習会やセミナーを開催し、新しい手技や理論等を習得した
- 地域の名店で社長親睦会を年に１～２回、1ステーション単位で実施した。ひと言でも会話を交わす意味を大事にした。趣味の手相や人相、字画などからできるアドバイスもした
- ２月の最も寒い時季と８月の最も暑い時季の約１週間、社長の現場スタッフ同行訪問を実施した。雨天やみぞれの日もあったが、１日６訪問を経験した。皆きついなか、よくやってくれていた。私は必ず正座をして見守るが、彼らの仕事に感激して心では何度も涙が流れた。創業10年後あたりから

本部役職者も同時季に数件同行訪問させた。社長・幹部には現場の生の声が必要である
・営業部中心にケアマネ対象のイベントを開催して、人間関係疎通を深めた。催事の１つとして地域業界関係者や地域住民を巻き込みソフィアメディの営業部長仕切りで行ったお祭りイベントは圧巻であった。コスト病やデータ偏重の社長ではこれができない

専門職との一体感や人間関係バランスのメニューを積み上げてきたことで善転したと思う。やはり手間暇を惜しまない、そして本部などは質素であっても人に最大限コストをかけることが重要である。私は本部を地域に溶け込む一軒家に平気で構えていた。その点では優秀な本部社員たちは胸を張れなかったと思う。しかし、本部が過度に豪華であったり、社長が経常利益より高い高級外車に乗っているようでは、良識のある社員から去っていくだけである。

7 商圏の考え方と市場占有率の特性

営業ほど大事なものはないが、専門職経営者はそれがわからなく、部下の指導もできない。やみくもに外回りをする前に、まず次のことに手を打つことだ。

①安定経営を商圏から考える

商圏には第1次、2次、3次という考え方がある（図1-1）。訪問看護ステーションは第1次商圏ビジネスである。地域によるが都内だと半径500m～2kmほどがその範囲である。

東京23区内の世田谷区（人口約90万人、面積約58.05km²）、目黒区（人口約27万2,000人、面積約14.67km²）あたりでは1km×1km内におおむね1万6,000人が住んでいる。そこに高齢化率21％で計算すると約3,360人の高齢者が暮らしていることになる。そして、実績概算であるが、要介護

図 1-1 商圏の考え方

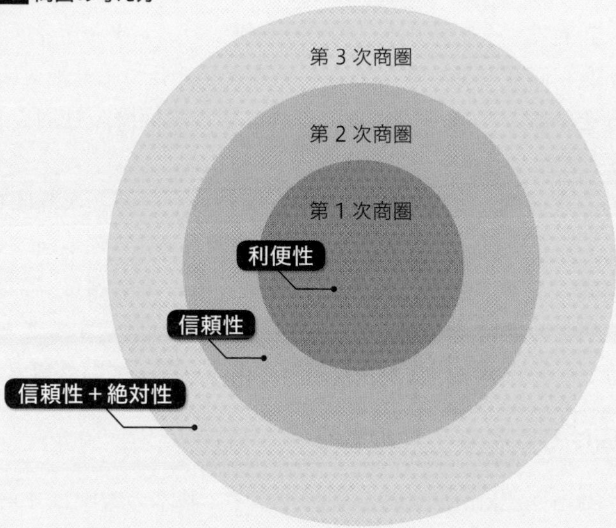

第 1 次商圏	朝起きた時、喉が痛いとか熱があれば「念のために医者に診てもらい薬でも貰えればよい」と考え、自宅から半径 500m 以内の診療所へ行く。腕の良し悪しより利便性のほうが優位である。
第 2 次商圏	相当に具合が良くなく、重い病気を疑う場合は、半径 10 ～ 20km でも大手総合病院や大学病院へ行く。利便性より信頼性のほうが優位である。
第 3 次商圏	がんや心臓病、そのほかの難病を告知された場合は、東京で随一や関東で一番、日本でオンリーワンといった、名高い医師のいる病院を選択する。信頼性＋絶対性が判断基準になる。

（支援）認定率は 4.3％ほどで計算すると約 144 人が対象者となる。

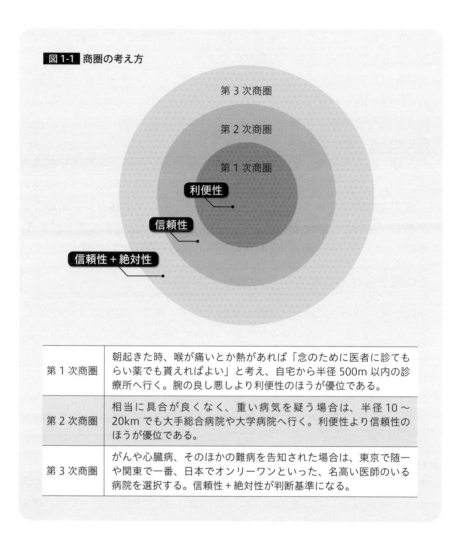

前述したように経営安定売上 1 億円にするには、200 人のお客様が必要であるが、144 人中シェアが 10％の場合は、14 人程度しか確保できないことになる。シェアが 30％の場合でも 43 人で、これでは強い構造の訪問看護ステーションではない。1km × 1km のエリアにそれぞれ 1 カ所出店して 5 店舗展開し、シェア 30％を確保すると 215 人がお客様となり、安定経営売上を達成することができる。ただし、小さなメッシュでは競合が絞られて

一騎討的な戦いになるため、経営者が無能では身を滅ぼしてしまう。また、境界が接近して身内の共食いが難点となる。

ちなみに、ディズニーランドは日本で唯一無二のエンターテイメント施設である。繰り返し何度も足を運んでもらえるよう「いつでも絶対に楽しい」という仕掛けを継続して施している。これは第3次商圏の鉄則をしっかり踏襲していると言えよう。

一方で、第1次商圏ビジネスであるにも関わらず、第2次商圏ビジネス的なマーケティングや宣伝、営業をしている訪問看護ステーションの経営者や、第2次商圏ビジネスであるにも関わらず、第1次商圏ビジネス的なそれをしている病院の経営者など、実に頓珍漢な現実に遭遇することがある。そういった面で、一般事業経営からは相当に後れを取っている業界なのだ。

②商圏を広げることも1つの戦略

それでは、2km × 2kmを商圏と見据えると、基本の数字は4倍になる。つまり対象者数は576人になり、シェア10%で58人、30%で173人となる。

あとは英知＝ソフィア（手段や戦術が豊富にあること。参謀がいればさらに良し）を結集すれば目標の200人は可能である。

ただし、次の商圏にはお客様がいないので避けたほうが賢明だ。①大きな公園や池がある、②鉄道や基幹道路でマーケットが分断されている、③家屋より事務所や工場などが多い、④メジャーな駅の周辺（都市部で駅周辺に住宅のない環境）。

また、賢明な社長は新規出店を考える時にシェアが30%もある訪問看護ステーションの近くには寄っていかない（表1-4）。人材のレベルも、経営構造も、資金力も、地域の信頼性も敵わなく、安定した収益構造まで到達できないからだ。模倣、真似は結構だが、地域でNo.1になれるエリアをリサーチし、強者と戦わないよう配慮しなければ「労多くして功少なし」となり、社員が疲弊するだけだ。

これらが出店する場合の社長の判断基準である。そして生き残る経営の鉄則は、自らのすぐ下にいる事業者に競り勝ちシェアを高めることである（最下位は1つ上にいる事業者を狙っていくこと）。

表1-4 市場占有率（シェア）の特性

市場占有率(シェア)	特　性
シェア10%以下	経営が不安定、マーケットでの影響力はない
シェア10%	知名度が出てきて、マーケット内に影響を与えはじめる
シェア25%	知名度に信頼性も出てくる。マーケット内No.1の最低条件
シェア40%超え	上記＋拡大性、プライスリーダー、30%超えは顧客が増大する

（参考：ランチェスター戦略）

第2章

訪問看護ステーションの立ち上げ方 安定・成功への方策

1 マーケティングの判断基準

①どのようにお客様の要望を把握するのか

マーケティングの基本は、お客様（患者様）の要望を絞り込んでサービスに反映することである。そのための要望を吸い上げる方法は、聞き取りやアンケート(往復はがき等)、訪問時の対応を敏感にしておくなどいくつもある。

そして、営業部課のなかで構わないので、企画や統計処理に強い総合職を配置し、手を打っておくことが大事である。それができない規模であれば、これらは社長が担うのが当然である。

②アンケートは中身が重要

アンケートで気をつけるのは「満足している・おおむね満足・満足していない」という項目にしないことだ。大体が気を使って、「おおむね満足」以上に丸をつけるのが人情というもの。また同様に、「担当の看護師やセラピストに満足していますか」なども自己満足で終わり、サービス改善には繋げられない。客観的にも馬鹿にされるだけだ。

必要なのは「訪問前後の時間を守るか」「言葉使い・会話・態度の良し悪し・手技が適切か」「ユニフォームが清潔か」「インフォームドコンセントが上手か（要は説明がうまいか)」「ご本人（お客様）と組織内部の上下の疎通は良いか」「電話ですぐに的確に応答するか」という具体的な内容など網羅されていることだ。その結果を研究し、現状のサービスの改善に繋げ、具体的に満足度（CS）を高めることがマーケティングの主旨である。

しょうもない抽象的な項目や我田引水的なアンケートで、満足度が80%、90%以上と謳っても何の宣伝にもならない。そういった宣伝は地域のケアマネたちは鵜呑みにはしない。むしろ「姑息な」と一蹴され、お客様の紹介が減っていくこと必至である。

高齢者住宅の経営者は、建築業界や異業種から参入した方々も多く、マーケティングセンスは段違いに良く、アンケートも社員やお客様、地域に向けて、客観的かつ具体的に批判、要望を受け取れるような仕掛けをする。そこで得られた事実を社長以下でよく議論してサービスの改善に活かしている。結果、人気と信頼を得て収益構造が向上しているところもある。

訪問看護業界では高齢者住宅の経営者のような看護師社長や医療職社長をまず見かけない。専門性向上や制度解釈、社員批判の話ばかりである。医師になれなかった分、社会に出てからの勉強量で医師と同等に理論武装して自己重要感を高めたいのか、私の目にはそんなふうにしか映らない。

このタイプの社長は社長業上達のエッセンスとは関係性が薄いので、競合した場合、優位に立つのが大変楽である。

③訪問看護サービスはそれほど認識されていない

訪問看護サービスは、要介護者の方に思いのほか使われていない。特に、介護保険の居宅サービス内シェアは15%がよいところである。訪問介護34%や通所介護38%とは倍以上の開きがある。理由の多くは次の通りだ。

- 医療・介護保険にまたがり使いにくい
- 単価が高く、ケアプランの予算内で依頼できない
- 看護、セラピストの医療職に距離を感じ、コミュニケーションが困難
- 隣近所で使っている例がなく、情報不足で効果がよくわからない
- 病院や役所が実施するものと思っていた

地域での認識には相当な差があるが、認識が低いところは出店のチャンスである。自社で懇切丁寧にオリジナルの資料や説明パンフレットを作成して普及すればよいことである。また、ケアマネ等の他業界の関係者用とケアマネから本人（お客様）や家族への説明用の２種を用意するとなおよい。**表2-1**に示すような内容がよいだろう。

また、これらは一度にすべてをもっていくべきではない。３～４回の訪問で小出しにすると、話のネタになるし時間をつくってもらいやすい。都内では相当に普及したが、STの仕事や必要性などは、噛んで含めるような説明をして認識してもらう必要がある。

この先は制度や病気、保険適用、困難事例、勉強会、経営環境等のお客様からの宿題をもらえるようになれば、しめたものである。人間関係ができて

表 2-1 説明資料に記す内容

- 具体的な事例や実績を数例まとめ、訪問看護やリハビリでできることを記す
- 訪問看護やリハビリを使うまでの手続きや契約ごとの要領（難しくしない内容にすること。重要事項の説明書や契約書は契約前に開示する）
- 365 日 24 時間対応できる利便性や安心感を強調し謳う
- 緊急時対応などの連絡方法や手順、実務内容を明確にする
- 在宅医との協働、後方支援病院との連携を明示する
- ステーションの位置、訪問可能エリア、訪問手段などを明示する
- スタッフ紹介（写真入り）をきれいに見やすくまとめる
- 上記以外の自社の特徴や運営姿勢をまとめていく（リーフレットでも可）

信頼性が増した証でもあり、宿題の答えをもって行くたびに少しずつお客様の紹介をいただけるようになる。

つまり、訪問看護サービスの認識率が低いのであれば、自社の独断場になる可能性が大いにある。はじめに見た者を親と思うがごとく、依頼心が高まるとシェア 40%超えも実現する。そうなるとあとになって、競合が競ってきても先行者の強みで簡単に覆ることはない。

④非営利が強い地域は出店のチャンス

非営利が跋扈しているのであれば、その非営利以外さほど競合相手はいないのが実情である。皆、あきらめ、恐がっているからこそである。これも出店のチャンスである。

なぜなら、大手病院や医師会は経営者不在だからである。大手病院の場合、管理者が経営者に近い権限をもっているが、名ばかりで経営の実務を知らないから実に攻めやすい。

看護師も経営の専属者は少なく、責任感にいまひとつ欠けているところが見受けられる。お客様（患者様）は病院から降って湧いてくる、人事や教育は病院の責任、ましてや資金繰り（P/L や B/S）の心配をしたことがない。つまり営利企業でいう社長業を誰一人していないのだ。

中期的にみても公立病院系は組織自体が赤字運営のところが多く、訪問看

護までも赤字では荷物が大き過ぎて手放してくる。一方で民間病院は在宅医療を中心に地域包括ケアシステムを意識してくるため、手放すよりスタートアップするところが増えてくると想定している。しかし、いずれにしても公益法人経営であるため、病院の付属品扱いで迫力に欠ける。

こういった非営利が相手であるならば、既存や新規事業者も恐れることなく出店してみてほしい。

2 競合の実情把握と手の打ち方

①立地の選び方

マーケティングの重要な視点でもあるが、既存事業者は新規出店、新規事業者は旗艦店となり得る立地が大事となる。間違えれば損失は大きく、下手をすれば撤退を余儀なくされる。そして相応に資金も枯れていく。立地選びの判断で存亡が決まると言っても過言ではない。

立地選びにはまず、白地図を用意する。紙のサイズはA1かA3がよい。見やすければPCから引っ張り出したものでも結構。

次に自分が展開したいエリア、たとえば目黒区であれば、周辺の世田谷区、品川区、大田区の入り口あたりまでに競合の位置をプロットする。そこに自分がやりたい場所を設置してみた場合、あまりにも競合が多い、1次商圏内の密度が濃すぎて息もつけないようなら、2番目、3番目とエリアを検討してみる。

そして、実際に徒歩か自転車でその地域を巡回してみる。坂などの地形的なリスクは少ないか、道路で分断されてマーケットは期待の半分程度しか反応しないのではないかなどを見て回る。競合の訪問看護ステーションの自転車や環境整備のレベル、地域のケアマネからの業界情報の収集、都や区役所に行き訪問看護事情（監査の実情や請求回収の留意点、指定取り消し情報等）の調査などをしておくことも大切だ。

事業はやりたいところでやるのではなく、売れるところ、儲けの見込めるところでやるのが原則である。よく土地や物件をもっているから商売をしたいといって失敗するのは、お客様目線でものを考えていないことが原因である。

私事であるが、創業時につくったマップ（セントケア時代に最も信頼する部下が餞（はなむけ）につくってくれたもの）をいまだにもっている。ボロボロで書き込みも多く私しかわからないが、思いが詰まっており、いざという時に一番役に立ってきた。その後のソフィアメディは営業開発部のレベルアップにより、いくつもの条件に合わせたバージョンを作成して縦横無尽に使い分けている。

ちなみに前述した通り、医療法人系や医師会系はさほど脅威にはならない。また、サテライト（支店、分室）も体質が脆弱なため神経質になる必要はない。むしろ、その隣に指定訪問看護ステーションを出店して、24時間365日をしっかりと回せたら半年ほどで成績が逆転するだろう。

②論理的に競合を分析

「彼を知り己を知れば百戦危うからず」の教訓通り、一定のマトリクスを作成して、いろいろな角度で情報を整理しておくことが大切だ。強みの裏側には弱みがあり、弱者には弱者なりの攻め方もあるのだから、周辺の噂や競合のバックにいる経営母体の立派さに腰を引くことはない。

表2-2のように比較項目は気になる視点で設定することが大事である。ここではA社だけサンプルとして比較したが、B社、C社とやはり注視すべき会社を列挙して判断基準にすることである。地方はともかく、都内23区、たとえば目黒区、世田谷区あたりは2km × 2km以内に20社を超える競合が存在するため、中途半端な出店は命取りになる。

また、自社はどのようにして対策を打つかを見きわめるためでもあるため、その戦術（手段）は多岐にわたるなかから具体的に、そして論理的に絞り込んで実務に移すことが肝心である。**表2-2**ではそれらのいくつかを列記しただけであるが、建設業や医療もしかり、クリティカルパス的に戦術を順序立て、時系列で一覧表にして実践していくと、思いつきの経営からある程度の科学的な経営に変わり、成功確率が上がってくる。

表 2-2 競合調査マトリクスの例

（順序はランダム）

項目	A 社の実態	自社の例
ステーションの規模（できればシェアを把握）	・7 ～ 8 人ほどの小規模か ・15 人程度の中規模か ・20 人を超える大規模か ・中規模でシェア 7 ～ 8%	・最初は 4 ～ 5 人ではじめる ・人員規模 10 人の中規模ステーションになり、シェア 10%をめざす
看護師やセラピストの数、自転車のレベルや数	・15 人程度の規模で看護師 4 人、セラピスト 9 人 ・事務 1 人、渉外、営業、人事ほか＝社長 ・電動自転車（最新性能）14 台	・10 人で年商 1 億円をめざす ・看護師 6 人、セラピスト 2 人、事務 1 人、渉外、営業、人事、会計＝社長 ・電動自転車（最新性能）は順次 8 台をリースする
駅からの徒歩距離	・徒歩 5 ～ 6 分 ・専門職にとっては大きな判断材料になり、クリアしている	・徒歩 10 分、賃料の安い物件を考えていたが、それでは競争にならない ・徒歩 5 分程度で再度検討 ・売上・利益に合わせて移転を前提
建物の種類、老朽度（明るいか、暗いか）	・1 階で広く見えるが、軽量鉄骨でみすぼらしい ・築 25 年以上は経過しており地震にも弱そう ・面接時に魅力を感じてもらえないだろう ・家賃は 20 万円程度	・RC 鉄筋コンクリート ・築 15 年、70m^2、家賃 30 万円 ・玄関の顔もよく、面接時に自信をもって対応できる
ユニフォームのセンス	・経営者の趣味が悪い ・紺とグレーや、白とピンクの組み合わせで病院の延長のイメージがあり、スタッフが誇りをもちにくい	・ユニフォーム専門店と相談して選択 ・イエローベース（黄色ということではない）で高齢者に安心してもらえるデザイン ・きれいにロゴを入れた
お客様の数（区役所で把握）	・介護保険ベースであればインターネットでもおおむね調べられる ・直近の詳細な情報は区役所で教えてもらえる ・150 人ほどであった	・売上 1 億円をめざしているため、お客様は 200 人以上を確保したい ・生産性を上げれば可能

項目	A 社の実態	自社の例
環境整備のレベル（掃除、挨拶の徹底）	・ステーションが汚い、自転車が整備不良、ユニフォームが劣化してだらしない ・礼儀や礼節、言葉使い、態度が悪い ・何も躾されていないと感じた	・経営方針書を浸透させ、医療系サービスであるが、ほかの事業所にない、清潔や整頓、整理を徹底する ・礼儀や礼節、エチケット、マナー、言葉使いに気をつけお客様の評価を高めていく
ケアマネ・外部評価	・2 割は可もなく不可もない ・8 割は 24 時間体制が実質できない、連絡が遅い、言いわけが多い、手続きや時間が自分勝手	・すべて反面教師として、悪い材料を徹底して検討し強みに変えてサービス展開をする ・報告、連絡、相談のスピードと精度を高めていく
地域クリニックや業界評判	・病院と訪問看護、診療所と訪問看護は紹介がほしいだけのつき合い ・お客様のために最善を尽くす姿勢に欠ける ・注文をつけると逆切れする	・地域診療所への定期的な挨拶や通信の手配りをする ・相談を受けたら翌日までに返答をする ・入退院カンファレンスの充実（相手本位）
資本の出資先どこかのグループか	・自己資本 ・銀行からの借り入れ有 ・どこかのグループではないが、売却話がチラホラ出ている	・自己資本 ・銀行からの借り入れ有 ・地域や業界ネットワークに参加して情報収集をする ・しばらくは資本参加を求めない
指定か支店（サテライト）か	・サテライト（支店）で強みがなく、リハ偏重 ・専門職が営業し、管理者は実質不在、間に合わせでセラピストが兼務している	・指定で 24 時間対応、リハは 30%以内でコントロール ・看護力の違いを売りにしていく ・1 指定につき 1 サテライトを原則に展開する
入退職の頻度、退職者評判	・ホームページや SNS で発信していることと実態が異なる ・退職した社員の話では人がよく辞める ・3 年以上の勤続者がいなく、経験者も少なくリスクが多い	・創業当初から教育・研修投資に力を入れ、ほかにないメニューを享受できる体制をつくる ・品質向上のため 1 年半は計画的赤字を覚悟する

項目	A社の実態	自社の例
トップのレベル、性質（経歴、職歴等）	・医療系の学校を卒業した専門職 ・一定期間病院に勤務したあと、訪問看護事業者に就職するがトラブルを起こし退職 ・才徳低く見栄、野心が強い	・総合職を入れて役割分担を明確にして、専門職を後方支援する ・トラブルを起こした会社の社長に学び、弱点と攻略法を教授してもらう
売上・利益情報（3年間の推移認識）	［2016年度］ 売　上　2億9,000万円 営業利益　−1,000万円 ［2017年度］ 売　上　3億8,000万円 営業利益　−3,000万円 ［2018年度］ 売　上　5億7,000万円 営業利益　0円	［2019年度］ 売　上　4,000万円 営業利益　−1,000万円 ［2020年度］ 売　上　8,000万円 営業利益　200万円 ［2021年度］ 売　上　1億1,000万円 営業利益　700万円
1店舗当たり直近の数字の考察	・売上3,000万円程度 ・営業利益10万円程度 ・見せ方、出店の急ぎ過ぎでB/Sが脆弱、守勢に弱い	・まずは1店舗と競合するため、2019年度にすでに勝算あり ・1対1で戦うことになるため1.7～3倍の攻撃量を用意
ステーションの位置・特徴	・駅前界隈の雑居ビルを安く借りている理由はわかるが、アメニティレベルは低い ・社員の思いは感じられなく、人を招くのを躊躇する	・住宅地の入り口 ・ボトルネック状で地域認識は抜群 ・家賃は粗利益の5％以内を考慮すると初年は高いが、3年目には収まる
駐輪場・雨具干し場	・ビル入り口の混雑したところに不法的に駐輪してある ・整列もされなく不統一 ・雨具がベランダや玄関の入り口に散乱しており、管理が届いていない	・駐輪は駐車場1台月4万円を賃貸して対応。自転車であれば11台まで駐輪可能 ・地域への迷惑は最小限に ・雨具の干し場は広めの部屋を区切り問題なし
地域勉強会への仕掛け	・社員によるありきたりな内容 ・医師やケアマネから紹介がほしいだけで、中身は薄く評判は悪い	・アンケートや昨今の事情、医療事故などを鑑みたセミナー、イベントを開催する ・手間暇をかけて自社と外部の方々の協働スタイルを創る

3 売上配分比率と概算損益計算書で経営のパターンを検討する

①金がないことほどつらいことはない

社長業は寝ても覚めてもお金の出入りに留意していなければならない。セントケア時代、村上美晴社長（現会長）にしみじみと言われたが「金がないことほどつらいことはない」。トップに立って経験すると実に同感である。

社長には、売上や利益、資金繰りなど、やってみなければわからないでは済まされない責任がある。資本金の1,000～2,000万円程度はすぐなくなってしまう。銀行や信用保証協会等から借入するにしても面倒な手続きが伴うため、資金繰りが悪ければ2カ月前あたりから準備をしておくことが大事である。

新規事業や設備投資なども思いつきでやるから資金ショートを起こして倒産の危機を迎えたりする。成長を急いでいくと売掛金が増え、そのための資金調達も必要になるのである。

②がむしゃらだったセントケア時代

セントケア時代のエピソードを1つ紹介したい。いまでこそ東証1部上場の企業であるが、1992年前後は訪問入浴サービスの行政委託で生業から中堅企業に向かうところであったと思う。

事業の100%を行政から受注する形態でビジネスを展開していた。事業者が増えて随意契約はまずないため、見積り合わせや入札が前提である。昨年請け負ったから今年も、という保証がないのが経営を不安定にさせていた。

より安く請負えばやるだけ赤字が累積する恐さもあったため、会社に内部留保がなければ無茶はできない。業界はおおむね医療や土建、建設コンサル、湯灌（ゆかん）、布団乾燥等をベースとする事業者であったが、訪問入浴サービスの受注に関してはどこも同じような環境だった。

福祉や介護サービスをもっと在宅でできることはないかと思案した結果、

バリアフリーへの住宅改修であれば、建設コンサルタントで培った技術も活かせると考え、当時の区長が先頭に立ってそれを推進していた江戸川区役所に、"夜討ち朝駆け"を仕掛けてみた。

訪問回数の二乗に比例する原則はあるが、実にその通りである。私はいつも知恵を絞った提案型で、事例を活用する。この時点では事例はないためリウマチのモデルケースをつくり「トイレの下に木製の下駄を履かせて42cmから57cmに底を上げる改修をする。抗菌剤の手すりをどうS字に変形して設置するか。大腿骨あたりに隠し板をはめておくと、手すりが必要になっても構造的に強くコストも安い」など、相当の情報を提供した。

1級土木施工管理技士の資格をもっていたが、トンネルや地下構造物の設計、構造計算、積算が得意分野であった。やってみると一般家屋でもその経験が十分通用することがわかり、結果、半年後には江戸川区の30～40%はセントケアで請負うことになった。区役所には多くの業者が営業にくるが、セントケアは断トツであった。

私自身は日々サウナに泊まり、1日17時間ほど働いた。取締役であったことと労働基準監督署が何も言わない時代であったから、よく働いた。1年後には区役所担当から「少し委託先の偏重が目立つから、来年度は現状維持程度で頼む」と言われたのをよく覚えている。

公平性は大事であるが、良い仕事をするか、間に合わせの仕事をするか、ノウハウが標準化されていない時代であったため、値段は高くても良い仕事をするところに委託をしてもらえた。

経営的には黒字に貢献した。私はコンサルティングに特化し、粗利益35%を確保する構造をつくっていた。建築業界では20%でも優秀な時代であった。公益社団法人かながわ福祉サービス振興会からは『失敗から学ぶバリアフリー住宅改修』なども出版し、フジテレビ等にも出演して住宅改修の事例を紹介してきた。いくらか業界のためになっていたと自負するところである。こういう時である。老舗の信頼か、訪問入浴の委託も増えはじめてきた。

③義母の実家を抵当に

訪問入浴には、入浴車に設備と人員の先行投資が嵩む。区役所からの入金は、3カ月に1回や半年に1回等で、サービスを提供しても回収には四半期、半年単位を覚悟しなければならない。
加えて、住宅改修の工務店外注費、材料仕入れコストと売上原価の支払いが先行する。資金に余裕がないから長短期での借入が重要になる。銀行はしっかり担保を求めてくる時代だ。村上社長の自宅や実兄の自宅を担保に入れて借金をするが資金繰りが間に合わない。
私のマンションも担保に入れて1,000万円を借金。それでも間に合わない。村上社長は表情も変えず「お前の岐阜の自宅は抵当に入らないか」と聞いてきたが、評価が低くて大した保証にならなかった。
考えあぐねて家内の横浜の実家を抵当にと義母に頼みに行った。「お父さんが了解しないでしょう」という返答だ。しかし、腹の据わった義母は「私の鎌倉の実家に私用の土地と建物があるからそれを抵当に入れなさい」と天の声であった。信用金庫の係長と一緒に土地を見に行ったが、「5,000万円、いやそれ以上貸せる」という評価をいただいた。必要なのは2,000万円。性格が単純だから気が大きくなったが必要額だけをお願いした。
これでセントケアは一息ついた。義母の前ではいまでも背が低くなる。感謝することしきりである。そして利益はあとでしっかりついてくるため、資金繰りも段々と楽になってきた。
社長より個人保証をしたかと思うが、一緒に「福祉社会の創造」を成功させる気概が、躊躇なく自分を動かしたと思う。何より村上社長の人柄と強い理念が私を惹きつけてやまなかった。彼には、ついていくと「食いっぱぐれがない」というオーラがあった。いまでも私の兄貴分であり、師匠格である。
この時の村上社長が作成した手書きのプロジェクト計画書が、まだ私の手元にある（図2-1）。26年も前だから時効であろう。小細工がなくストレートでド迫力だ。これを眺めると笑えもするが、泣けて、泣けてしょうがなくもなる。村上社長は進むか、退くか、孤独で進退の瀬戸際に立っていたのだ。

④税金も払えない社長は公共道路を歩くな

医療保険も介護保険も国保連からの入金はサイト2カ月が原則なため、年度末売掛金回収率は85%程度である。15%分は買掛金等の支払いのため、内部留保で支払うか、できなければ借入れすることになる。黒字決算をしても5～6月には事業税や法人税、法人住民税などの支払いがあり、どこに

図 2-1 当時の村上社長が作成したプロジェクト計画書

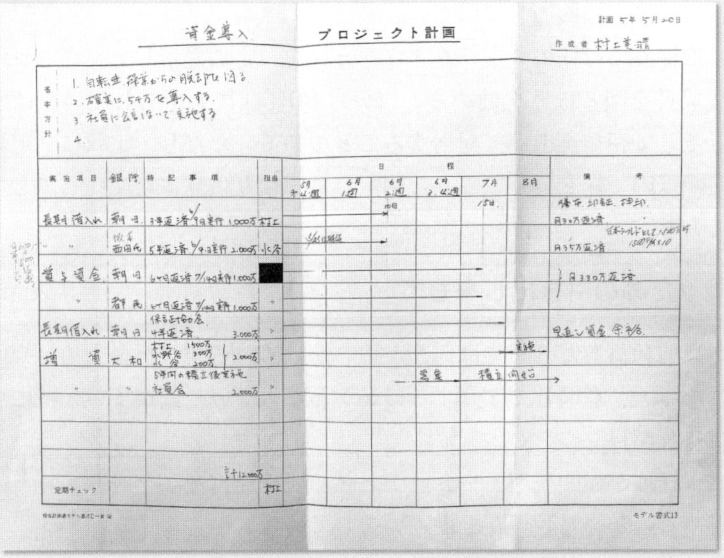

いくら残るのか、社長はよくわからない状態だと思う。

資本金が1億円未満で課税所得800万円以下であれば、法人税率は15%(800万円超えは23.9%、または資本金1億円を超えても23.9%)、いや通年微妙に赤字だから法人税はかからないと胸を張る社長もいるが、社会貢献度は低い。

ここで税金を払っていないのは第一に内部留保が乏しく銀行筋からは危険度の高い会社というレッテルを貼られる。また、新規投資や昇給などもままならなくなり、経営体質はどんどん劣化していく。

私の経営数字の師匠は「税金も払えない社長は公共道路を歩くな。もし歩くなら端っこのほうを申しわけなさそうに歩け」と手厳しかった。経営も長くなると実に的確でその通りだと思う。

こういう会社の社長は、ほぼ100%部下に経営数字の結果を開示したり説明をしない。P/LやB/Sも見せない。悲しいかなNo.2ですら知らされない。

株式を100%独占して苦言を言うブレーンを置く度量がないため、実力の低い者ばかりを集めて神輿に乗ろうとする。低い思想しか持ち得ていなく「あとは良きに計らえ」となっており、これを自走や自創とかと勘違いしている。当然、取締役会は機能していない。

私は取締役には株のストックオプションを一定数提示して、高いロイヤリティで成長を図るほうを勧める。自分は80％前後も所有していれば安泰である。そして利益を上げて配当することである。ただし、定款に「退職時には一定額以内で株を買い取る」と明記して、相互に覚書を交わしてしておくべきである。

⑤戦うための引き出しをもて

税引き前利益あたりまでは何とか追いかけられるが、税金支払いや内部留保等になると、意図してどうするのかがわからない社長が多い。特に専門職社長にそれが目立つ。

基本、経理が顧問税理士や会計士と試算表や経営数字を処理するため、それを眺めるのが経営管理だと勘違いをしている。

過去の数字は、計画と実績の乖離を考察してアクションを指示することだけである。計画以上の実績が出ている場合は、マーケットが見えていなく計画自体が甘くなっている。もっと拠点を拡大して専門職の増員をするか、といった思案のしどころである。

また、計画以下の実績が出ている場合は、競合がシェアを伸ばしているなか、自社は打つ手が稚拙になっている。結果、損益分岐点を下回るような売上が半年も続けば存続が危うくなる。

社長はたくさん戦術を用意してすぐ試行していくことが必要である。お客様や関係者を訪問せずに理屈や理論ばかりで、戦う術を知らない社長はマーケットに残れない。

⑥単年度の概算損益計算書の要所

問題と原因、解決策を練って部下に実践してもらうことは大事であるが、過去の数字はそれ以上こだわる性質のものではない。社長の数字はいつも未来の数字であり、長期的な視点が大切である。

長期事業計画で詳細を語るため、ここでは既存店の改善に必要な単年度の

表 2-3 売上配分の 10 項目

(1) 人件費	訪問看護では最も大きな費用
(2) 教育研修・開発費	サービス品質、技量向上に差のつく費用
(3) 減価償却費	訪問看護以外デイ等の設備を一定額、期間で費用計上
(4) 一般経費	人件費の次に大きな費用（軽重をつけて差別化する）
(5) 役員報酬	担当があっても社長は独立させる（本来は役員全員）
(6) 金利返済受取利息	銀行など借入金利預金金利の相殺：金融費である
(7) 特別損益費	設備など投資がないためほぼ 0 となる
(8) 税金支払費	資本金や利益額で比率が違うが、利益の 30%を見込んでおく
(9) 配当金支払費	立ち上げ 5 年程度は内部留保優先
(10) 内部留保	訪看は売上の 5 ～ 10%可能。はじめにこれを決めること

概算損益計算書の要所を説明する。

本来は粗利益＝付加価値が自社に残る分として、それをいかに社長の意図で配分するかが大変重要な仕事である。訪問看護サービスや在宅ビジネスは、売上原価といって外注費や仕入れコストはかからないため、売上≒粗利益となる。よって、売上を構成する基本項目を列記すると表 2-3 に挙げる 10 項目となる。

基本的な方向性や方針は構成比率で検討すると実に簡単で腑に落ちる。思案した比率に売上計画数字を掛け算すると 10 項目の具体的な金額が掴める。

税理士がまとめた過去の決算書や試算表を睨んでも次年度の打つ手は見えてこないが、売上配分 10 項目の検討では本質的な課題が鮮明になり、次年度への社長の意志や意図を的確に盛り込める。

中堅企業程度であれば、これを各部署トップに噛んで含めて説明し、それぞれプロジェクト計画等で部下を動かしてもらえばよいことである。社長は部課長を定期チェックして軌道修正をしていけばよい。きちんと社長業を行えば経営管理など実に楽なものである。

4 次年度の売上配分を検討する3つのモデルケース

①売上配分検討の基本条件

次年度の売上配分を、小・中・大の規模ごとに3つのモデルケースで検討する。まずは検討するための基本条件を記述する。

【人件費】

看護師：年俸450万円（人件費520万円）

人件費年間平均1人当たり520万円、年俸は法定福利費（15%ほど）の会社負担分を除外した金額である。520万円÷1.15≒450万円が年俸である。

管理者（看護師社長）：年俸600万円（人件費700万円）

事務・総合職：年俸380万円（人件費430万円）

事務・総合職は同額で検討する。総合職には実力や問われる能力、経験に応じて高額年俸を支払うことにする。自分の年俸＝人件費と考えている看護師などもいるが、会社は法定福利費を本人と折半で支払うため、本人の年俸に15～16%上乗せしたものが人件費である。

看護師の基本給を安くして手当を多くつけている競合他社があるが、年俸にすると450万円に届かない。手当は年俸を保障しないため、経営サイドに小手先感がある。現実は看護師の平均年俸を500万円、人件費は500万円×1.15≒580万円以上でないと競争には勝てない。

私は創業当初から年俸制で1年間決めた金額を保障する仕組みをつくっていた。業界1割高程度も実現させていた）。私が社長を引退する時点で看護師平均年俸は550万円（人件費は×1.15＝630万円）程度になっていた。業界内では相当に良好な金額ではないだろうか。

【お客様1人当たりの単価】看護、PT、OT、STの単純月間、年間平均

30日/月÷7日/週×9,300円※1/回≒4万円/月・人。

※1　2018年度以降はリハビリ単価が下がり、平均単価は9,100円前後に低下している。

年間＝４万円×12カ月＝48万円/年・人。つまりお客様１人当たりの売上は48万円/年となる。

【売上算定根拠の基本】

４万円/人・月×お客様数×12カ月が売上を算定する根拠になる。どんな事業やサービス、商品を扱っても原則、単価×数量＝売上である。単価を上げるのか、数量（お客様数）を増やすのかが売上増の鉄則である。小難しい理屈やきれいごとでは上がらない。

４万円/人・月をそれ以上にするには、増回の要求をもらうか（保険対象か保険外サービス）、24時間対応等の体制整備を適正にして各種加算を増やすことが基本である。

単価は国基準であるため勝手に高くできない。一定額安くする分には問題ないが、同業でそれを実施しているところは聞いたことがない。

増回に関しては、医療保険でのリハビリ増回を促して売上増を図る方法がある。やはり医療保険であるが精神科訪看をやたら頻回（担当看護師レベルで週３回上限まで回数を増やす）にして売上増を図る事業者もいる。これらは介護保険のように実施指導がないため、悪く言えば簡単に利益誘導ができる。医療保険内の訪問看護ではグレーゾーンとみなされはじめているため、規制強化は時間の問題であろうと読んでいる。

【本社費】

ここでの小・中・大規模訪問看護ステーションは、この時点では確立した本部をもたないないため、本社費の配分というかたちはとらない。管理者看護師＝社長や総合職などもすべて人件費に入る。教育研修・開発費は一般経費から分離させて項目をつくる。

②小規模訪看モデルケース（現状の年間売上4,000万円）の場合

売上配分項目	現状の金額	現状の構成比率	構成比率の次年度目標	金額の次年度目標
(1) 人件費	3,200万円	80%	75%*1	4,500万円
(2) 教育研修・開発費	0	0	2%*5	120万円
(3) 減価償却費	0	0	0	0
(4) 一般経費	800万円	20%	15%*6	900万円

(5) 役員報酬	0	0	0	0
(6) 金利返済受取利息	0	0	0	0
(7) 特別損益費	0	0	0	0
(8) 税金支払費	0	0	3%*4	180 万円
(9) 配当金支払費	0	0	0	0
(10) 内部留保	0	0	5%*3	300 万円
計	**4,000 万円**	**100%**	**100%**	**6,000 万円***2

【人件費】

前年度の損益計算書を経理に指示して10項目にまとめてもらう。このモデルケースは売上4,000万円であるが、(10) 内部留保は0円である。これでは長く続く経営体質ではないため改善を考える。

まず10項目を構成比率に置き換える。すると (1) 人件費の配分比率80%がどうみても異常値である。次年度は70%前後まで落とせないか検討したい。その時に全体の人件費はどの程度増加するかを考える (1人当たりの給料が増えるのか増員で増えるのか)。そこから、労働生産性という課題がついて回るが、既存社員が希望をもてるよう70%ではなく75%*1に設定してみる。これは社員 (看護師4人、セラピスト1.3人 [週3日のPT増員]、事務1人、総合職1人、看護師社長1人) の人件費である。

ここから人件費の次年度の金額目標は、540万円× (4 + 1.3) 人+ 430万円× (1 + 1) 人+ 780万円×1人≒ 4,500万円となる。

ここでは、看護師等医療職の人件費は3.8%上げて年間540万円、事務と総合職は据え置き、社長もほぼ据え置きとした。540万円は報酬に換算すると、540万円 ÷1.15 ≒ 470万円 (年俸) となり、医療職を優先している姿勢は伝わり、業界でもほんの少し胸の張れる年俸になる。安めの基本給にいろんな手当をつけて魅力的に見せても、1年後、募集時に書いてあった年俸がもらえない会社も見受けられる。赤字経営になり、当時定めた年収を支払えないのが理由であるが、有言実行できないのは無責任経営者と言われても仕方がない。

また、売上4,000万円※2ほどの場合、社長の年俸は780万円 ÷1.15 = 680万円であるが、月収57万円と考えれば納得だろう。したがって売上

6,000万円でも横ばいとする。看護スタッフやセラピストを0.5～1人減らして、社長が兼務すれば年俸1,000万円を確保することが可能であるが、すべての業務を社長が請負うことになり、長く続く組織や社員に魅力のある会社には遠くなる。

【昇給と増員】

お客様は通年平均83人から125人に増やす前提であるから、次年度の売上は6,000万円＊2※3を目標とする。人員体制は前段で示したが人件費は6,000万円×0.75＝4,500万円となる。前年度は3,200万円であるため、1,200万円分人員増、かつ昇給を計画できる。前述したように、医療職の人件費は年間3.8％アップさせ、総合職を1人増員し組織の土台を強くする。福利厚生も十分ではないものの退職金引当で厚遇を図っていく姿勢を見せる。

【内部留保】

本来、最初に配慮しなければならないのが（10）内部留保である。金額0なら当然、配分比率も0である。次年度以降、5％＊3配分を必達として自己資本に厚みがもてるようにしていきたい。

内部留保と税金支払費を足すと税前利益となるが、通常の訪問看護ステーションの経営は、ほぼ営業利益がそのまま税前利益になる。よって、概算検討であるため税前利益の30％を税金支払費、その差の70％が内部留保として簡略化する。(5÷0.7) －5＝2.14であるが、丸めて（8）税金支払費の配分は3％＊4とする。厳密な税金計算は決算時の税理士や会計士の仕事であるため、社長の売上配分検討はこのレベルで結構である。社長の経営数字は頭2桁が合っていればよい※4。

【教育研修・開発費】

（2）教育研修・開発費に2％＊5（月10万円）は投資したい。年間120万円をかけ、各種講師を招待し、最新のケーススタディを深く勉強してサービ

※2　売上4,000万円は、4,000万円/年÷12カ月÷4万円/月・人≒平均83人のお客様が必要。
※3　売上6,000万円は、6,000万円/年÷12カ月÷4万円/月・人≒平均125人のお客様が必要。
※4　社長の経営数字は、千円単位、百万円単位、十億円単位である。売上1,000万円を超えたら、概算は100万円単位で検討するなどの癖をつけるとよい。たとえば、40,200,000円は、40.2百万円または40百万円でもよいということである。

スの質向上に繋げたい。

【一般経費】

一般経費は通常、15%＊6 前後を見込むが、看護師紹介費用や自転車の増台、ホームページのマイナーチェンジをするために前年度より100万円ほど増額を計画する。

③中規模訪看モデルケース（現状の年間売上6,500万円）の場合

売上配分項目	現状の金額	現状の構成比率	構成比率の次年度目標	金額の次年度目標
(1) 人件費	5,200万円	80%	76%＊5	6,460万円
(2) 教育研修・開発費	30万円	0.5%	2%＊4	170万円
(3) 減価償却費	0	0	0	0
(4) 一般経費	1,160万円	18%	16%＊6	1,360万円
(5) 役員報酬	0	0	0	0
(6) 金利返済受取利息	10万円	0	0	0
(7) 特別損益費	0	0	0	0
(8) 税金支払費	30万円	0.5%	2%＊3	170万円
(9) 配当金支払費	0	0	0	0
(10) 内部留保	70万円	1%	4%＊2	340万円
計	**6,500万円**	**100%**	**100%**	**8,500万円**＊1

【金利返済受取利息】

前年度売上は6,500万円であり、辛うじて黒字で終了し、(10) 内部留保を70万円確保できた。

しかし、(6) 金利返済受取利息を考えると、銀行からは1,000万円を金利1%で借入している。毎年元本を200万円、金利10万円を返済しており、元本は内部留保からしか返済できないため、相殺すると−130万円となる。

雇われ社長は親会社に泣きつけばよいが、創業社長なら自分の給料を未払いにして資金繰りを乗り越えるか、親兄弟に借金してでも乗り越える必要がある。

【次年度売上目標】

次年度は売上規模を上げて内部留保を最低 200 万円以上残せる体質に切り替えたい。現状の平均のお客様数 135 人は、売上 8,500 万円[*1]を目標とした場合、177 人に増やさなければならない。

そのためには、社長を含めて 8 人の専門職も 1 人増員しなければならない。また、1 人当たりの単純平均である 17 人程度のお客様も、次年度は 20 人担当してもらえるような労働生産性を上げる仕組みをつくらなければ経営は先細りになる。

【昇給と増員】

昇給と増員は図 2-2 のように考える。

看護師と PT は 3.8%（520 万円から 540 万円）の昇給とする。事務と総合職は 2.3%（430 万円から 440 万円）の昇給とする。

社長は 17%（700 万円から 820 万円）の昇給とする。年俸では 820 万円 ÷1.15 = 710 万円で月収 59 万円ほどになる。悪くない報酬である。概算の人件費であるが、看護師と PT は年俸に換算すると 4.4%（450 万円から 470 万円）の昇給である。世間一般をみると 2%の昇給があれば良好である

図 2-2 人件費の変化

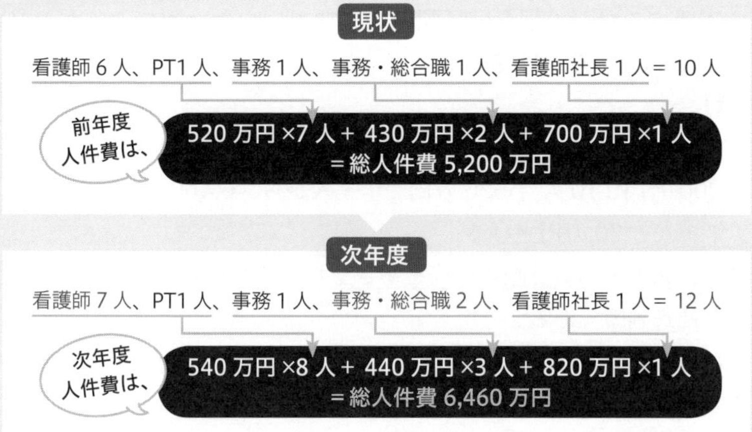

現状
看護師 6 人、PT1 人、事務 1 人、事務・総合職 1 人、看護師社長 1 人 = 10 人
前年度人件費は、
520 万円 ×7 人 + 430 万円 ×2 人 + 700 万円 ×1 人
= 総人件費 5,200 万円
次年度
看護師 7 人、PT1 人、事務 1 人、事務・総合職 2 人、看護師社長 1 人 = 12 人
次年度人件費は、
540 万円 ×8 人 + 440 万円 ×3 人 + 820 万円 ×1 人
= 総人件費 6,460 万円

とされている。

【内部留保】

次年度の（10）内部留保を4%＊[2]（8,500万円×0.04≒340万円）と設定する。よって（8）税金支払費が2%＊[3]となり8,500万円×0.02＝170万円となる。

これであれば借入の元本200万円を返済しても340万円－200万円＝140万円となり、資本に蓄積できる。

【教育研修・開発費】

マーケット内の競争が激しく、要介護3以上の重度のお客様を24時間対応できなければ、次のお客様を紹介してもらえないという時代になってきている。都合よく訪問リハビリだけを紹介してはもらえない。

したがって、売上の2%＊[4]は（2）教育研修・開発費に投資し、重度の要介護状態や困難ケースに対応できる強い体質をつくりたい。この場合、変化をきらい"できない理由ばかりを並べる"看護師が退職することは十分想定して変革を進める。社長として彼らに気を使って経営を壊されるわけにはいかない。

隔週の土曜日に著名講師を招いた看護やリハビリの実力アップ実施研修を行う。平日は夕方から各専門職別の症例検討会を開き最新情報を吸収していく。もちろん、研修会や検討会では軽食を用意したり、終了後の親睦会を金銭面で支援するなどの細かい気配りが必要だ。少ない額であるが、必ず月14万円ほどの費用をかけていく。

【人件費】

（1）人件費の配分は80%から76%＊[5]まで下げるが、1人当たりの人件費は5,200万円÷10人＝520万円/年・人から、6,460万円÷12人＝540万円/年・人と20万円上げる。

つまり、売上・利益計画の達成をめざしながら全員昇給させるという覚悟を決めた社長判断である。

売上が下振れした場合は営業利益が減り、内部留保も不可能になることがあるため、昇給した分が赤字の積上げとなる。経営はじつに恐いものである。社長の真剣勝負である。

【一般経費】

(4) 一般経費は、比率こそ18%から16%*6に下げるが、絶対額では前年比200万円の増額とする。

看護師紹介コストへの備えでもあり、パソコンの補充などを意識している。リーフレット等にも力を入れる。誇大広告になる表現は避けて、ダサい、時代遅れ、目立たない、映えないなどのイメージをもたれないように"お客様目線の感性"で見直し、予算を決めてブラッシュアップしていく。

ユニフォームのデザイン変更は、売上1億円が見えてきたら取り組むことにする。社員にもそう伝え、希望をもてるように進めていく。

④大規模訪看モデルケース(現状の年間売上1億円)の場合

売上配分項目	現状の金額	現状の構成比率	構成比率の次年度目標	金額の次年度目標
(1) 人件費	7,700万円	77%	74%*3	9,250万円
(2) 教育研修・開発費	100万円	1%	3%*4	375万円
(3) 減価償却費	0	0	0	0
(4) 一般経費	1,600万円	16%	16%*5	2,000万円
(5) 役員報酬	0	0	0	0
(6) 金利返済受取利息	0※5	0	0	0
(7) 特別損益費	0	0	0	0
(8) 税金支払費	200万円	2%	2%*2	250万円
(9) 配当金支払費	0	0	0	0
(10) 内部留保	400万円	4%	5%*1	625万円
計	1億円	100%	100%	1億2,500万円

【総括】

訪問看護ステーションを開設してすでに4年が経過し、念願の売上1億円の壁を超えた。成長期には何人もの看護師が退職していったが「ぬるま湯が好き、特別扱いが好き、勉強しない、変化が嫌い、愛想がない」者たちが

※5 金利返済受取利息は金利1%相当で借入しているため、この概算計算としては0円と見なす。

辞めていった。結果、体質強化が図れたと実感している。

また、社長業の厳しさや孤独を学んだが、専門職たちの仲良しクラブ感覚で運営していたら、毎年赤字で3年目には倒産していたかもしれない。

痛手は看護師紹介料が4人分で400万円となり、月100万円の一般経費計画を大幅に上回ってしまったことだ。

しかし、(10) 内部留保が400万円となったことに看護師社長業ではあるが、今後の自信に繋がった。社員や新人の面接時にも「しっかり税金を200万円支払い、社会貢献している会社ですよ」と堂々と話すことができる。

借入は運転資金の増加と売掛金の増加でトータル2,500万円となったが、月商の4カ月以内まで大丈夫である※6。

元本を500万円返済すると、内部留保が400万円であるため、資本への蓄積額は－100万円となる(100万円自己資本が減るということ)。したがって社長は、次年度は売上配分を吟味して売上自体を25%増加させ、内部留保を5%確保できる体質に、何が何でも変化させることを自分に誓った。

【内部留保】

次年度の (10) 内部留保は5%*1 (625万円) となる。借入元本を差し引いた125万円が蓄積でき、資本に厚みがもてる。(8) 税金支払費は、p.57では3%としたが、ここでは概算整合性のため2%*2 (250万円) として計上する。

【昇給と増員】

昇給と増員は図2-3のように労働生産性とお客様の数から考える。

看護師とセラピストは540万円、事務と総合職430万円が現状の年俸であるので、現状の (1) 人件費は、540万円×11.5人 (労働生産性算出は管理者込み) ＋430万円×3人＝7,500万円となる。また、管理者兼社長の人件費は7,700万円－7,500万円＋540万円＝740万円である。これを年俸にすると、740万円÷1.15≒640万円で月収53万円ほどである。総合職を2人にして経営管理を深めていくことと内部留保を確保するという強い意志があり、この段階では管理者兼社長の年俸を抑えている。

※6 「借入は月商の4カ月以内まで大丈夫だ」としたが、これは著者の経営の師匠の教えである。社長は尊敬する師匠をもつべきであると常々実感している。

図 2-3 労働生産性とお客様数の変化

労働生産性・現状

看護師７人、PT、OT、ST3.5 人、事務１人、総合職２人、看護師社長１人＝ 14.5 人

社員１人当たり労働生産性

１億円 ÷14.5 人
＝ 690 万円 / 年・人

医療職１人当たり労働生産性

１億円 ÷11.5 人
＝ 870 万円 / 年・人

労働生産性・次年度

看護師 7.5 人、PT、OT、ST3.5 人、事務１人、総合職３人　看護師社長１人＝ 16 人

社員１人当たり労働生産性

１億 2,500 万円 ÷16 人
＝ 780 万円 / 年・人

医療職１人当たり労働生産性

１億 2,500 万円 ÷12 人
＝ 1,040 万円 / 年・人

お客様・現状

870 万円 ÷12 カ月 ÷
４万円 / 月・人
≒お客様 18 人 /
医療職１人当たり

お客様の総数

医療職 11.5 人×
18 人 /1 人当たり
＝期中平均 207 人の実績

お客様・次年度

1,040 万円 ÷12 カ月 ÷
４万円 / 月・人
≒お客様 22 人 /
医療職１人当たり

お客様の総数

医療職 12 人×
22 人 /1 人当たり
＝期中平均 264 人が必要

次年度も同様の計算をする。既存社員の人件費は世間の昇給率よりも高い 3%の昇給とする。また、人員も厚くする。540 万円× 1.03 × 12 人＋ 430 万円× 1.03 × 4 人≒ 8,440 万円となる。管理者兼社長の人件費は 9,250 万円－ 8,440 万円＋ 540 万円× 1.03 ≒ 1,370 万円である。これを年俸にすると 1,370 万円 ÷1.15 ≒ 1,200 万円で月収 100 万円ほどになる。内部留保も確保、B/S 蓄積分も黒字であれば、社長業としては結構な内容であろう。

増員の内容は、次代への一手として総合職をさらに１人増員した。人事

や総務、営業やSNS応用、会計管理を強くする意図である。ちなみに、長年の私の見解であるが､看護師やセラピスト社長にはこれができない人が多い。

ある程度の社長はこのあたりで「高級外車に乗る」「港区あたりの人気物件を借りる」「自社物件を買う」などに走る。税理士の指導もあろうが、会社の経費で落とすことばかり考えるのである。社員はそれを薄々わかっているから、優秀な社員が辞め、そうでない社員が残る。これでは会社の質が上がるわけがない。社員の将来や会社の未来へ手の打ち方が公私混同かつ稚拙なのだ。

基本方針は、(1) 人件費の配分を77%から74%*3まで下げるが、1人当たりの人件費は前年度を上回る計画とする。当然、1人当たりの労働生産性も前年度を上回る計画とする。

【訪問数】

図2-3から次年度は、22人×4.3回/月≒95訪問/月、実施率換算すると95訪問÷0.85≒112訪問となる。このような医療職1人当たりの1カ月の訪問計画が必要だ。それに伴う増客対策として「総合職を1人増やして提案・企画営業を強化し、地域での攻撃の質・量に大差をつける」という社長の方針である。医療職も技量が上がり、要領が良くなると112訪問計画はそれほど難しくない。

あるソフィアメディのステーションには140～150訪問を長年にわたってクリアしている社員もいる。クレームもトラブルも一切なく安心感が高いので当然年俸も相応に高くなっている。

【教育研修・開発費】

教育研修・開発費には毎月30万円以上（3%*4、375万円）投資する。

会社で認めた認定看護師や専門セラピストの資格取得をめざす者(各1人)には金銭と休暇への支援をする。24時間重度の方に向けた技量を伸ばす投資を惜しまない姿勢である。時流を読まないと取り残されてしまう。

【一般経費】

一般経費は、前年度と比率は同じ16%*5でも、総額は400万円増を計画する。職員の紹介や入退職コスト、IT機器、ホームページリニューアル（最低でも3年に1回は変える。スマホ版は2年に1回)、ユニホーム刷新経費も盛り込んで内部の充実を図る。これも他企業との差別化の一環である。

5 訪問看護ステーションにおける訪問リハビリの考え方とリスクヘッジ

①疑義を問われた訪問看護ステーションからの訪問リハビリ

訪問リハビリについては、2006年の介護保険制度改正前、営利企業による指定訪問看護ステーションの社長の相当数が肝を冷やしたことを思い出す。具体的には、訪問看護ステーションからPTやOTの訪問リハビリを積極的に展開している社長が焦ったのだ。

当時、診療報酬の審議に関与していた人によると、「医療リスクや医療職比率、請求金額費等に対して問題意識が高まっており、セラピストによる訪問リハビリは訪問看護ステーションの本来の機能ではない」という疑義があったという。セラピストは看護師と違い、緊急時の医療行為において実務的（資格の範囲もしかり）に無理があるのは事実であった。

そして、看護師とセラピストの比率をみると、セラピストの比率が50%を超えているような実態があり、これは介護保険制度の訪問看護ステーションではなく、公益法人（医療法人や社会福祉法人等）から可能な訪問リハビリではないかという。まさに正論である。

②全国の有志社長による協議

早速、全国から有志の社長が都内に集まって現状を報告し、今後の対応について協議した。PT社長やOT社長、看護師社長が集まり、当然私も参加した。

おおむね、セラピストの訪問比率は50%前後であったが、なかには地域やお客様の要望に応じているうちに80～90%になっている会社もあった。

次回の改定でリハビリの単価が極端に下がれば、皆、死活問題である。また、看護師とセラピストの人数比率や請求ベース比率が、仮に6対4に制約を受けたとしても経営者は相当な工夫が必要になる。

「そうなれば訪問看護ステーションをやめる」と宣言する社長もいた。最悪、前述の訪問リハビリに統一ということになれば、多くが医療法人等の公益法人に委譲する（売却不可で金銭的なメリットはない）か、事業縮小や廃業に追い込まれてしまう。

当時のわれわれの心理は「影響力のある団体に睨まれているのではないか」といった意見が挙がるなど、皆、大袈裟に考えてしまうのであった。

③セラピストによるリハビリの重要性を説くため精力的に活動

岡山県に私が敬愛してやまないPT社長とOT社長がいる。彼らは師弟関係で結束が固い。

私の腹が伝わるのか、彼らと意気投合してつき合いがはじまり、いまでは心底大切な友人になっている。先日も遠路はるばる私のお見舞いに駆けつけてくれて、泣きたいほどうれしかった。

当時の疑義については彼らが急先鋒となり、表方、裏方に大変な行動力と交渉力をもって現状を説明して回った。私もしかるべきキーマン、特に審議に影響力のある医師や看護団体の重鎮に「訪問看護中のセラピストによるリハビリの重要性」を訴えて歩いた。

しかし、「訪問リハビリは介護保険から外して医療保険にするべき」「セラピストは医師の指示のもと活動するべきであるから病院施設にいるべきだ」というきつい意見を頂戴した。

そうであれば「訪問リハビリステーションの設立はどうか」と探るように提案していったが、看護団体からは支持する気配がなかった。むしろ、現状は看護師が勝ち取ったサービスにセラピストを“入れてあげている”といった感覚であり、「基本的には訪問看護師がリハビリも提供できるので、部分的にどうしてもセラピストの専門的な手技などが必要であれば活用している」といった主張である。セラピストによるリハビリが訪問看護から外されても、看護師による訪問リハビリサービスは提供可能なので問題意識は低いと感じた。

しかし、業界では複数セラピストを抱える訪問看護ステーションがどんどん増えていた。お客様の要望に応えるためにリハビリを強化した会社と、この先儲かるからリハビリを増やしている会社もあり、その真意は区別のつかない実態になっていたため、訪問看護原理主義的な方々からは訪問リハビリ偏重を敬遠されていた。

しかし、蓋を開けてみると、PT 社長、OT 社長の活動が功を奏したのか、2006 年の介護保険制度改正ではセラピストの訪問は何も規制されず、単価の変動もなかった。

むしろ、この改正では ST による訪問リハビリも認められた。私はサービスの差別化を意識して、改正の 1 年前から保険請求はできないものの ST を採用して補完サービスをはじめていた。この点ではようやく陽の目をみて売上が立つことになったのだ。

④訪問リハビリに対するリスクヘッジ

この疑義を機に、訪問看護ステーションの看護とリハビリ比率は、私にとって改正時期の気を揉む問題になった。そして、この問題を考え抜いた私の戦略は、医療法人をもつことであった。訪問診療をはじめることである。

元々、在宅医療サービスの基盤整備に強い使命感をもって業界に挑んでおり、訪問診療クリニックから開始したかった。訪問診療⇔訪問看護⇔訪問リハビリを中核に、さまざまな在宅医療のメニューを展開していくことが本望だったのである。

よってこれ幸いと考え、大学の後輩筋の医師と組んで診療所を開始した。2011 年には複数の医師や専門家で理事を構成し医療法人社団化する。社団化前後までに 1 億円ほどの資金を投じたが、これで営利法人経営の訪問看護ステーションからセラピストによるリハビリが外され、訪問リハビリテーションに移行しても、大事なセラピストの社員が路頭に迷わず、グループ内のクリニックから訪問リハビリテーションを提供できる体制となった。

雇用形態の変更等の手続きの面倒はあるが、給与等を維持できる環境は整った。何より大事なお客様のリハビリの要望に継続的に応えることができるようになったのだ。

先述した PT 社長と OT 社長もこの点で私に追随して、良いドクターと出会えたことにより医療法人社団を運営できることになった。制度改正の不安の回避に繋がったと安心していた。

また IPO を果たしたある経営者は密かに個人クリニックか医療法人社団をもち、いざという時に備えている。「訪問看護の社長業」としてのリスクヘッジとはこういうことである。

⑤社長なら将来を見据えた戦略をもて！

そして、訪問看護ステーションがこの先に考えていかなければならないこととして、次のことを提言したい。特に数多くいる訪問看護ステーションの看護師社長に言いたいが、「相当の資金を用意して、高い特性を評価してもらい、地域での堅実な信頼性を確保したうえで、お世話になっている医療法人の強固な連携先となる」、もしくは前述のように「自前で医師を見つけ、5,000万円～1億円の自己投資を覚悟して、外来も在宅もできる医療法人社団をもつ」のどちらかに腹をくくる時期にきていると思う。訪問看護ステーションで働く多くのセラピストは、この点で将来の不安を払拭できていない。社長は、雇用したセラピストの就業責任がついて回っていることを強く自覚しなければならない。

また余談であるが、先述のPT社長とOT社長は賢明で、その後、訪問看護ステーションの売上比率を全事業の25％程度に変革していた。予防重視のデイサービスやグループホーム、看護小規模多機能、ショートステイ、高齢者住宅と単品から複合化を図り見事に実現していた。

診療所も運営しているため、制度改正に対しては二重にリスクヘッジが効いている。私は「あとは100床程度の病院をもてば、在宅医療重視の地域包括ケアシステムの完結ではないか」と提案をした。このような医療や看護、介護サービスの集合体を各エリアにつくること（シリーズ化）は、私が進めたい理想形でもある。彼らはすでにその近くまで進めており実にすばらしい。ピンチをチャンスに変えている。経営者として学ばせてもらっている。

最近、仲間の経営者からよく聞くが「子どもを医学部に入れたから、将来は身内で医療法人をつくりリスクヘッジする」という構想である。ここから10年先までにそれができれば次代を担えるのではないかと思う。

ご子息やご令嬢を医学部に入れたい根底には、医療保険や介護保険の事業経営で医療機関や医師の対応に臍（ほぞ）を噛み、見えない壁に苦しんだ社長たちの悲痛な思いがあることが伝わってくる。

子どもが医学部に入ることは親としてうれしいに決まっているが、それは見栄や体裁で行かせているわけではない。

今後は、前述のような医療や看護、介護サービスの集合体を各地域にネットワーク的につくり、オペレーション組織とモバイル組織を明確にして、構造的には車社会のMaaS（Mobility as a Service）構想に似た形態で運営していく方向性になっていくものと思う。その意味でも業界の大同団結が進んでいく。

⑥看護と訪問リハビリの比率は１対１が理想

2019年7月、厚生労働省の中央社会保険医療協議会で、訪問看護ステーションからの訪問リハビリが急増していることに厳しい目が向けられた。1事業所当たりのセラピストの割合が80%以上と高い訪問看護ステーションでは、24時間対応体制加算を算定している事業所が3割強に留まるが、こうした事業所は患者層に偏りがあるのではと疑問視されている。

営利法人による訪問リハビリを行うための訪問看護ステーションが増えているが、訪問リハビリは通所リハビリができない人を対象とするなどの規定がなく放置されているという強い懸念がもたれている。

加算のためにセラピストに緊急時のオンコール用の携帯電話をもたせているものの、実際は緊急時対応を断っているステーションもある。また、サテライトだらけにしてでも、セラピストによる訪問リハビリ依頼を狙うやり方があるが、こういったステーションは異質であり、あまりにイレギュラーなサービス展開は、改定審議のテーブルに乗ってしまう。

また、ばらばらに点在する訪問看護ステーションに電車で1時間以上かけてセラピストをたらい回しに訪問させるやり方もあるようだ。実際の中身は看護師1割、セラピスト9割という構造になっていると聞いている。

全体的にみても看護師よりもセラピストのほうが採用しやすく需要も多いのだろうが、比率が偏重し過ぎている経営は保険の無駄使いであると問題視されてしかりである。

個人的な見解であるが、訪問看護ステーションの経営者の心得として、まずは看護師とセラピストの比率が、おおむね50%までを標準的な指定訪問看護ステーションのあり方と見てほしい。実務を行う看護師からは「在宅でのリハビリは看護師とは違う教育内容や技術を必要とすることが多いので、セラピストが対応するべきだ」と言われる。このことからすでに看護とリハビリの住み分けもできており、セラピストの専門性は高く評価されていると言えよう。

⑦医療保険下における訪問看護・リハビリの増回判断における提言

医療保険下における訪問看護・リハビリは根拠が説明できれば、基本的に医師への確認だけで指示書なしでも訪問数を増やせるという実態である。紳士協定のようなもので各社の倫理観に委ねられているが、売上至上主義を貫くのであれば、訪問看護でもリハビリでも担当者レベルで増回を簡単に誘導し、手続きできる。指定訪問看護ステーションで精神訪問看護がときどき話題になるが、医師の了解を得ていれば週 3 回まで訪問が可能となる。根拠が不透明なまま週 3 回訪問までもっていくことはないと思うが、今後早い時期に医療保険サイドの審議で厳格な制約を受けることになるものと想定している。

そもそも現場の担当者レベルで医師の確認をとって簡単に増回できること事態、自己負担サービスならともかく、公費であれば、やはり厳正な判断基準と手続きが問われてしかりだと思う。米国のナース・プラクティショナーを見て思うが、公的保険では医師以外にその判断を委ねられる存在として特別な認定看護師か特定看護師を養成し、一部の処方箋や増回について権限をもたせるべきではないか。もちろん、中立的な看護師のハブ拠点を組織化するか、厳粛な基準をクリアする指定訪問看護ステーションを行政が認定して対応すべきだろう。

公的保険マーケットは、医師にいろんな判断を委ね過ぎて、その過剰労働の上に成り立っているが、その下の仕事もボトルネック状態になっているのだ。手続きや実施が遅い、契約事項や帳票類が煩雑、現場に近いところで即断即決ができなくて容態が悪くなるなど、深刻である。権限移譲が重要課題になってきている。

6 内装や什器、備品、IT 設備など デコレーションのこだわり

①スタッフを大切にした内装を心がける

マーケティングによる判断にも自信がもてた。競合状況も確認し、競合の出店エリアや駅等の地理関係の輪郭も見えてきた。ステーションの規模の検討（既存ステーションとして設定した）も終わり、これまで混沌としていた不安が払拭できてきた。

あとは良質な物件と賃貸契約することと、何より必要なスタッフを集めることだ。しかしそれには、居心地やアメニティ、動線、什器・備品・IT 設備のセンス、トイレ環境、駐輪場の確保、更衣室、雨具の脱着等、ほかの訪問看護ステーションに比べてどれだけスタッフを大切にしているかが勝負になる。

競合のほとんどは安普請（やすぶしん）で狭くて不便だから、看護師を募集しても興味を惹かれない。訪問看護ステーションは、ただ人員基準や施設基準をクリアしているから大丈夫というものではない。もちろん経費との兼ね合いもあり、いたずらにコストアップはできないが、この視点が手堅い差別化になる。

②女性目線の清潔な設計と施工、充実した機材、絵画を購入した事例

ここでは指定訪問看護ステーションを出店する場合の具体的な考え方やこだわりについて私の事例を用いて説明する。

ちょうどよい物件になかなか出会わなかったが、駅から 5 分の鉄骨仕立ての 2 階の一室を見つけた。目の前に専用駐車場（自転車は 12 台以上駐輪可能で近隣迷惑にはならない）があり、リノベーションを前提とすれば、面積約 100m^2（30 坪）は魅力的であった。

さらに、旧街道沿いにあり、隠れ家的な雰囲気のお店や地元の人気店が点在する場所であった。「女性受けする」と直感が働き、契約して 550 万円ほど投資をして内部をきれいにリフォームした。

全体の色はイエローをベースにした※7。特にトイレは相当に神経を使い(いつもトイレ用擬音装置を設置してストレスを減らしている)、男女の更衣室も明確にして精神的に余裕をもたせた。

室内は管理者や医療職、事務、総合職のスタッフが一連で疎通ができるよう向かい合わせの机配置として、これは全員に喜ばれた。

いつもタッグを組んでいる女性の1級建築士と相談して、大変な訪問現場から帰ってくるスタッフのために、清潔さはもちろん女性が使いやすく、できるだけ癒さるようなレイアウトを考えていった。大きな窓の下は、情緒のある人気の道があったので、窓際に応接セットを置き、そこで昼食等を楽しめるよう配慮した。

さらに、絵画、特に現代アートを数点飾ることにしている。あるデパートの画廊と懇意にしており、1つの訪問看護ステーションに、数十万円の絵画を投資している。

約1,320万円の投資になったが、什器・備品・IT設備はリースにして現金支払いは700万円程度である（表2-4）。人が集まり、なごみやすい環境になり、地域の競合との差別化を鮮明にできた。しかし、これは労働生産性が高く、利益が積み上がっていないとできない。

7 女性8割の医療職集団のマネジメント要領

①経営は規模により変わる

訪問看護ステーションを展開して30カ所以上を運営してきたが、規模を大きくする各段階で組織の基盤整備をしなければ弱点のあるところから崩壊していくことを味わった。

「1」「3」「5」という指標は大変わかりやすく、いつも目安にしている。

※7 イエローは暖色で自然色。対してブルーは寒色で人工色のイメージ。

表2-4 1,320万円の投資の内訳

賃貸契約関係	30万円×7カ月＝210万円	家賃の判断基準は粗利益の5％以内で管理している。訪問看護は売上≒粗利益であるから、売上との家賃比率で結構である。 たとえば家賃30万円は、30万円÷0.05＝600万円／月、つまり7,200万円／年の売上めざしていくことになる。
内部リフォーム	約550万円	−
什器・備品・IT設備	約400万円	机、いす15人分、書庫4台、各種保管庫3台、ホワイトボード2台、デスクトップパソコン8台、ノートパソコン3台、カラーコピー機1台、電話10台＋配線工事等
電動自転車（新車）	13万円×6台≒80万円	現金支払いかリース支払いかであるが、リースは通常資金繰りが有利になることにメリットがある。 ソフィアメディは業界で初めて電動自転車をリース化した会社であるが、三菱オートリース様に骨を折ってもらった。私が社長時代で100台以上をリースしていた。
絵画（5点）	約80万円	現代アートが中心。花の絵や色彩が気に入った絵、猫の絵、士気の高まるような絵を購入する。たまに原画も買う。 実際に猫を飼っているスタッフには猫の絵が好評である。コミュニケーションのネタにもなり有用だ。

人員規模で言えば、10人、30人、50人、100人、300人、500人、1,000人となり、それぞれ求められる経営は変わってくる。

直接人員と間接人員を一定の判断基準をもって最適なバランスにしておかないと、トラブルやクレーム、事故、内部軋轢、外部からの攻撃が増え、対応を誤ると信頼を失ってしまう。

専門職集団だけで「まだいける、まだいける」と組織づくりを無視して進むと、30人規模になったあたりから何かぎくしゃくしてくる。総合職を入れて専門職の弱点に後方支援する体制が必要になっているのだ。

②適正な人員配置

訪問看護ステーションが8～10カ所で社員が100人を超えてくると、1つのステーションには看護師5人、セラピスト3人、事務1人あたりが平均となる。そして、本部機能を確立して人事・総務、教育・研修、サービス提供・営業、経理の会計で15～20人ほどを配置する段階である。80人が医療職、20人弱が総合職であれば、機能性は高く現場を担う専門職は安心である。300人規模になっても全体の2割程度の総合職を配置している会社は体質が良好である。250人の医療職に50人の総合職（＋事務職）であれば、本部の適正人員配置も管理職体制も整い、社長は的確な指示、命令が可能になる。

このような組織は、思いつきや飛越し命令であっても部下が本質を外さないように全社へ行き渡らせて、本部と現場の齟齬がない対応をしてくれる。極めて正常な組織の姿であるが､専門職社長はこの組織づくりが下手である。「医療職トップに君臨するか」「資格を捨てて経営者に徹するか」、自分は両方できると思い込んでいる専門職社長も相当数知っているが、両立して立派な経営をする、私が敬意を表する社長は、全国に5人程度だ。いずれも社員数300～500人規模で、複数の指定訪問看護ステーションを中核に事業展開をしている。皆、女性の管理者や管理職が活躍しているという共通点がある。

③意図して女性を登用

ソフィアメディにおいても訪問看護ステーションは看護師が中心のため、おおむね女性の職場である。セラピストの男女比は6：4ほどで6割を女性が占め、総合職と事務職は7割ほどが女性である。これは私が社長をしていた時の構成であるが、意図して専門職も総合職も女性を採用してきた経緯がある。

総合職においては何年も前から大学新卒も採用しているが、応募後に大学を絞り、履歴書や成績関係の書面に目を通し、1～3次面接と筆記、論文、部課長面接試験を経て、社長面接が最終となる。いつも女性のほうが多く優秀であった。中途の総合職も女性のほうが優秀であり、採用してからも良い仕事をしている。

④さまざまな要望に応えた仕組みづくり

女性の働き方に関しては仕組みづくりに腐心してきた。雇用契約書に明記できない、思わぬ経験をするたびに、社長と部長間の協議や弁護士や行政書士と相談して、つぎはぎだらけながらかたちになってきた。働く立場からみると「給料と休みが大切だ」とよく言われるが、1日8時間、完全週休2日制、年間120日休み、年末年始5日休み、年俸制で年間550万円保障（月給45.8万円。訪問数が少なくても、病欠が多くても、トラブルがあっても必ず支払う金額）だけでは魅力が少なく、響かない。

実際はこまごまなそれぞれの要求があり、その都度イレギュラーな対応が求められる（表2-5)。「週何日間で何時から何時まで働きたい」「法定福利費が折半となる出勤形態にしてほしい」「扶養の範囲内で調整をしてほしい」「妊娠時の変則勤務や代行勤務、配置転換、出産前後の担当変更、産休復帰後の復帰プログラムを考えてほしい」「勤務形態の変更をしてほしい」「夫の転勤による突然の退職」「入社時に社長レクチャーによる理念、方針書説明の徹底」「従事者研修の実務メニュー化の希望」「ウィークデイや祝日の内部研修の充実」「特定の講師による研修」「外部研修参加の費用の負担」「引き継ぎ同行訪問期間の安定化[※8]」など、希望は多岐にわたる。

いまあるソフィアメディの就業規則や就業マニュアル、訪問看護ハンドブック、バリエーション豊富な教育・研修メニューは、これらの多くの要望に応えるため、売上配分比率を決めて投資コストをかけ、毎年マイナーチェンジして継続している。手間暇や人件費は相当にかかるが、他社がまねのできないレベルにまでシステム化していると自負する。

また、私の場合、訪問看護ステーション単位で飲食を伴う親睦会をマメに主催してきたが、ほぼ全員が参加する（事情がある人は子ども連れも認めてきた）が、実に楽しい本音トークが炸裂する。

たとえば、手相や字画を見ることが私の特技であるが、8割ぐらい当たる。

※8　1人でできることを2人で実施するため、人件費は2倍になってしまう。2カ月間を要する人もいる。創業から3年ほどは入退職が多く、引き継ぎ同行訪問を真摯に実行していたため赤字の大きな要因になった。

表 2-5 女性の働きやすさや要望、安心感を意識した取り組みの例

- 働く質・量に比例して報酬を高くする
- 生活スタイルに応じて常勤年俸制社員と非常勤回数制社員が選択できる
- 1 年間様子を見て、年俸制と回数制を変更できる
- 経営方針書で会社を理解してもらい、働く意義を実感する
- 子どもや自分の体調不良による突発的な休暇へ対応を充実させる
- 慶弔時の代理訪問を調整する
- 24 時間オンコール手当と緊急訪問時手当、タクシーを含む交通費を支給する
- 履歴書や 1 次面接の結果を 3 日以内に返答する
- 面接時の交通費を全額支給する
- デザイナーがデザインしたユニフォームを貸与する
- 最新電動自転車を貸与する
- 週、月、年間単位の勉強会に無料で参加できる
- 自己研鑽のための外部研修費を支給する（上限あり）
- 認定看護師資格取得の費用を支給する（100 万円程度）
- 専門職に代わって、本部がクレームや事故、トラブルに対応し解決する
- コンプライアンス委員会がある。不正や不法を指導する
- 個人の悩みでも弁護士に相談できる仕組みがある
- 管理者や管理職は年 2 回終日の研修会と親睦会で多くの情報や事例を共有する
- 訪問看護業界初の「えるぼし認定企業」で、女性が主体的に仕事をできる環境を整備する
- 女性管理職が 7 割で女性同士の相談がしやすい環境にする

プライベートな事情をズバリ当てると、人生相談に花が咲き、泣き笑い劇場になってしまうが、女性の看護師やセラピストの皆さんは、日々こういうコミュニケーションが大切である。長期的なことばかりでなく、“いま、ここどうする”、といった短期的な問題の解決が重要になる。それが晴れたり、課題が明確になると仕事に集中し、しっかりこなしてくれるようになって経営計画以上の成果を出してくれる。

また、専門職は学習意欲の高い人が多く、知的な充実感を求めているため、その領域で著名な講師や先生を呼んで講義を行うと満員御礼となる。マズローの欲求 5 段階説（図 2-4）よろしく、その順序を大事にして自己実現までの構造をつくっていくことが肝心である。

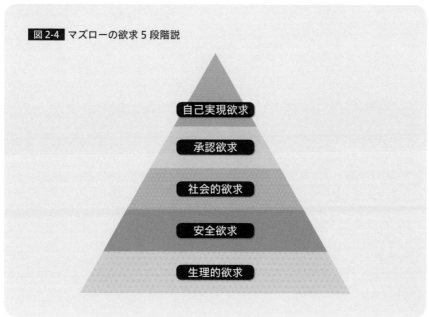

図 2-4 マズローの欲求5段階説

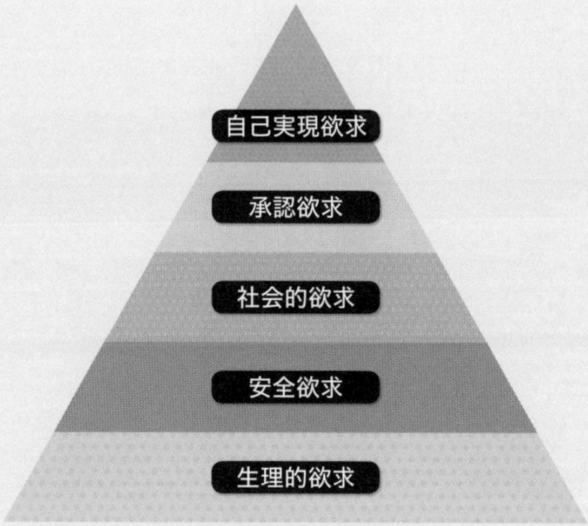

出典：中野明：マズロー心理学入門―人間性心理学の源流を求めて．アルテ，2016を参考に作成

第3章

地域シェアNo.1を実現するための社長の営業・販売姿勢

1 社長自らがお客様のところを回る

①営業力なくして会社の成長はない

「販売なくして経営なし」と前述したが、営業や集客ほど大事な仕事はない。売上＝単価×数量が定義であるが、数量へのこだわりが社長にないと経営は安定も成長もしない。一時の訪問看護人気による需要増やブームがいつまでも続くと思うのは大きな間違いで、常に変化する社会情勢やお客様の要望を察知して手を打っていかなければならない。

営業や外部活動を怠ってきた老舗訪問看護ステーションは、順調に増客して成長をしていないから、施設も設備もユニフォームも電話対応もすべてが劣化し、悪循環に陥っている。そして新進の競合に負けて地域の存在価値を落としているのだ。社長はよいが、大した退職金も積立てていないと想定できるため、社員の将来が気の毒になる。

営業力を磨かず出店ばかりして損益分岐点を超えないステーションだらけになっている会社もある。最も大切な営業戦略や戦術を社長が指導できないから、部下はただ外に出て、相手をしてくれる回りやすいところばかり行っているか、コーヒーチェーン店等でとぐろを巻いて転職を考えている。

そして「赤字は罪である」と社員に教え込まなければこの悪循環は断ち切れない。社長が同行訪問をして関係者から地域の業界の実態や、自社の評価を聞くことが必要だ。さらに、社長自ら１人でも訪問し、関係者の本音を聞き、自社の欠点が浮き彫りになるくらい拝聴して回ることだ。

それさえ浮き彫りになればあとは克服するだけである。評判の悪いユニフォームを変更したり、内部の報告や伝達方法等の体制を見直したり、新たなイベントを企画するなどで対策すればよい。ほぼすべての答えはお客様のところにあるのだ。

②損益分岐点を考える

損益分岐点（B/E：Break Even）とは、最低いくら売り上げないと赤字になるかの基準点である。つまり、B/E＝固定費÷{1－(変動費÷売上高)}の式で計算する。

図3-1の場合、9,400万円の売上がないと赤字になる、ということである。これは厳しい数字である。

これを達成するには、売上を上げるか、固定費を節約するかが基本的な対処法であるが、おおむね前者に力を入れるのが正常である。後者だと給料を上げられない、スタッフを増やせない、タブレット等のIT投資を控えなければならないなど、運営に支障をきたす。

社長はいつもB/Eを下げながら、人件費は現状維持以上に導いていくことが問われている。二律背反を同時に追いかけるのが社長の実務である。「一

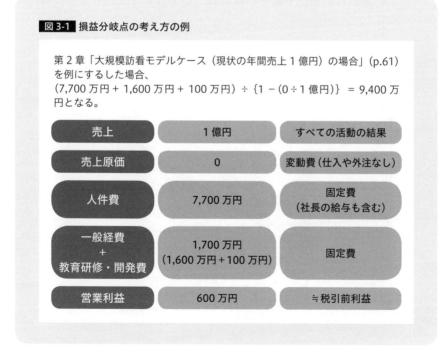

図3-1 損益分岐点の考え方の例

第2章「大規模訪看モデルケース（現状の年間売上1億円）の場合」(p.61)を例にするした場合、
(7,700万円＋1,600万円＋100万円)÷{1－(0÷1億円)} ＝9,400万円となる。

売上	1億円	すべての活動の結果
売上原価	0	変動費（仕入や外注なし）
人件費	7,700万円	固定費（社長の給与も含む）
一般経費＋教育研修・開発費	1,700万円（1,600万円＋100万円）	固定費
営業利益	600万円	≒税引前利益

般的なビジネスのB/E（図3-2）」「一般的な訪問看護ステーションのB/E（図3-3）」「大規模訪看モデルケースのB/E（図3-4）」をグラフに示す。

③全員がお客様を向く体制づくり「社内にお客様はいない」

社長のお客様訪問1回分は、部長以下社員1人当たりの100回分に相当する。何も用事がなければ表敬訪問だけでも結構。

相手は社長が来たからと、最初は身構えたりするが、少しずつ慣れてきて、社長以上に上の人がいないと思うと、本音を言ってくれるようになる。耳の痛い話も出てくるが、営業や現場の看護師等には言えない、言っても上告しないだろうとあきらめていることもある。

私の過去の手帳に記してある、お客様や紹介先から教えてもらった本音の一部を紹介しよう（表3-1）。

もちろん、この逆で（額面通り受け止めていいと思うが）、たくさんの褒め言葉、手配や手続きの丁寧さ、早さなどを感謝されることもあった。また、知りたい同業他社の動向や難しい制度について情報を提供してもらったり

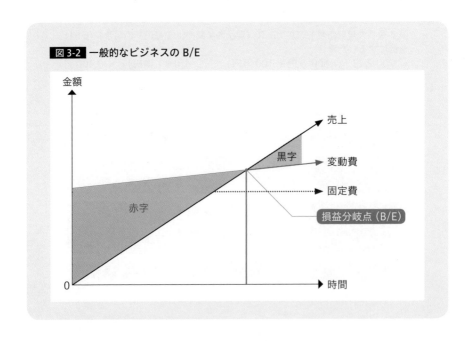

図3-2 一般的なビジネスのB/E

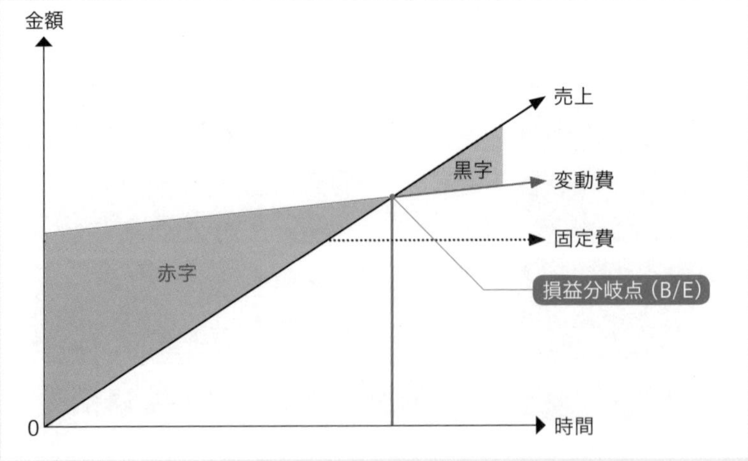

図 3-3 一般的な訪問看護ステーションの B/E

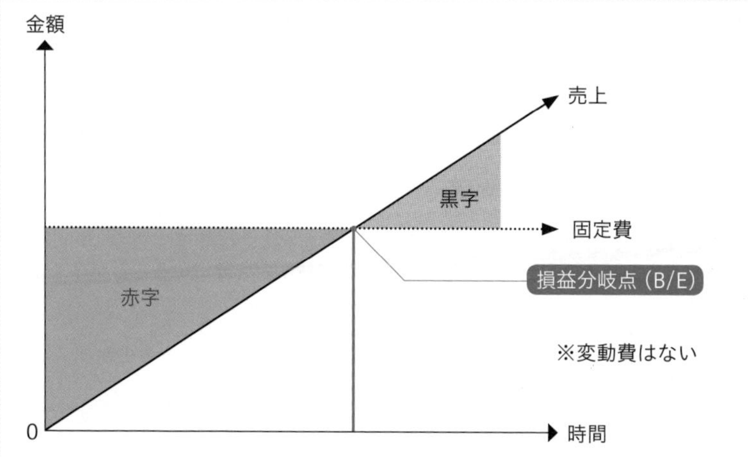

図 3-4 大規模訪看モデルケースの B/E（図 3-1 の事例の場合）

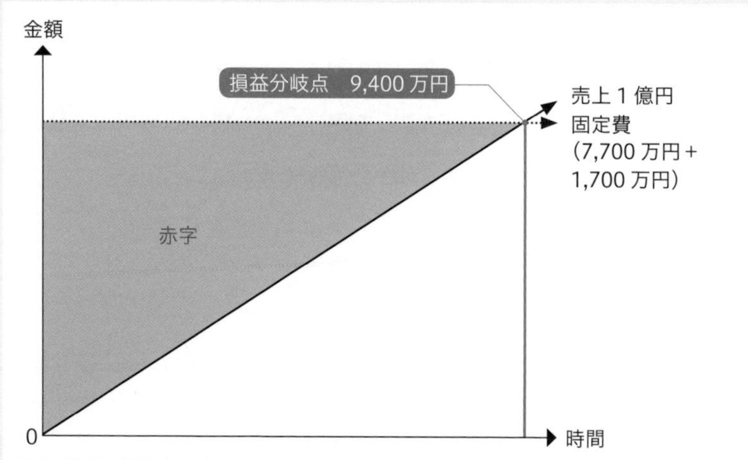

表3-1 実際にお客様から聞けた本音（メモ書き）

- 営業の意図がよくわからなくて情報提供の内容が稚拙。紹介がほしいだけだろう。
- 営業の話がはっきりしていなくてうっとうしい。それに時間を奪われるのが嫌だ。
- 一度や二度ならず訪問してくるが、勉強不足で話しても得るものがないからもう来ないでほしい。
- “まさに、いま”の制度や事故の実例を求めているのに時代遅れや的外れな勉強会だった。
- 勉強会の資料が多くて整理しづらい。いつも捨ててしまう。
- 管理者と担当や営業との疎通がなく双方に説明が必要になることが多くて面倒。
- クレームを伝えたが説明に来ない。放置されていると感じる。
- トラブルが完結できていないことを本部の人間は理解しているのか。
- セラピストがお客様から金銭を授受しているが知っているのか。
- 看護師が60分間しっかり対応していないことを知っているのか。
- お客様やご家族から担当か事業者を代えてほしいと言われている。
- お客様に担当の入れ替わりが激しく迷惑だと言われている。
- 髪の毛をまとめずぱらぱらしていて不快だ。
- 言葉が上から目線でため口をきくから嫌だ。
- 爪が長くて危ないから担当を代えてほしい。
- 汗が拭ききれていない。不潔で不快だ。
- 24時間対応でなかったり、土日に稼働できないのなら紹介できない。
- 電話の対応が横着な態度だった。もう使わない。
- 管理者をはじめスタッフからの折り返しの電話が遅い。
- 訪問したスタッフの言葉使いが横着だ。こちらはお金を払ってサービスを買っているのに。
- 何も教育していないのか。看護師やセラピストが言葉使いやマナーを知らない。
- 弱小企業は不安定だから大手を使っている。しかし情のない対応に辟易している。
- 空き枠は基本的に知っている人のほうが紹介しやすい。

と、親身に接してもらうことのほうが圧倒的に多かった。自社の社員に誇りがもてる瞬間でもある。そうなると「このステーションの連中に今度うまいものを食べさせよう」などと、どんなに規模が大きくなっても親心が湧いてきてしまう。

④現場の環境を把握し整える

私は創業以来、各訪問看護ステーションの朝礼にできるかぎり参加をしてきた。その時は、必ず自分がトイレを掃除するよう率先してきた。これには環境整備の徹底を根づかせる熱い思いと強い意図があったからだ。環境整備（掃除や物品・機器の整理、挨拶、礼儀の徹底等）の効能はまるで魔法のようである。実行して実感してほしい。

また、私が各訪問看護ステーションにできるかぎり足を運ぶのは、スタッフの顔色やその場の空気、コミュニケーションの様子等の現場の実態を感じるためでもある。もし問題があれば、すぐに本部のキーマン※1に動いてもらうよう指示が出せる。また、設備や什器、備品、ユニフォームなどの劣化や不足等も把握できる。お客様への不快感を減らし、社員の気持ちを充実させる狙いもあった。

⑤正しいコスト意識を浸透させる

創業３年目も赤字であったが、これは私の表現が下手でスタッフへの正しいコスト意識をもたせられなかったことに原因があった。

現場では膝の部分が白く変色したユニフォームを着ている人が目立っていた。私は「即刻買い替えなさい。管理者も注意をしてください」と語気を強めて注意したが、「いまは赤字だから、余計な経費を抑えています」という返答であった。

会社を考えてのことだったが、お客様に関わる場面でコストは惜しんではならない。赤字であろうが、借入をして投資をしようが、清潔できれいな状態にするべきである。しかし、スタッフには会社が赤字だからと、気持ちを委縮させてしまっていたのだ。

これには猛省して「私がすべての責任をとるから、お客様の目線で必要なものはすぐに揃えること。買い替えること。私が経営しているから大丈夫だ。会社は潰れることはない」と説明したことがあった。

※1　スタッフの報酬や立場への不満、上下間の人間関係のもつれは専務に任せていた。懇切丁寧に対応をしてくれた。

⑥間違ったコスト意識で大失敗

デイサービスのお客様の楽しみは、昼食やおやつであることが多い。私は第1号のソフィアデイサービス池上の時から昼食とおやつ代として800円いただいていた。デイサービスの管理者やスタッフには「800円中、50円程度の粗利益を残せば結構だから、おいしくて清潔な弁当事業者を選択するように」と強く指示を出していた。昼食とおやつで利ザヤは得ず、800円すべてを使い切ってもよいと考えていた。

しかし、こういった意識を浸透させきることができず猛省した例がある。

4カ所目の事業所を開設する際、本部に課長を配置して私の代わりにデイサービスの運営管理を任せることにした。彼は、経験が浅いこともあってか、報告⇔連絡⇔相談が不足し、コミュニケーションが不得手であった。

また、4つの事業所とも人の入れ替わりが重なって大変な時期であり、当時の経営状況は、どの事業所もあと数人のお客様が確保できればB/Eを超えるところまできていたが、2年、3年連続で赤字を出し停滞していた。

そして、当時の私は訪問看護や訪問診療クリニックの経営に力を入れており、それまでのようにデイサービスの朝礼に参加したり、昼食やおやつの見学、お客様の意見を聞くなどの活動をしていなかった。このような悪条件が重なり、お客様へのご迷惑を放置していた。

ある日、デイサービスの昼食に訪問すると、おいしそうに食べている人が少なく、食べ残しも多かった。残った弁当を見てみると、おかずは偏っていて貧相。メインもまずそうで、いかにも食欲が湧かないふう。味噌汁はほとんど汁だけで具はほんのわずか。失礼千万、宛(あ)てがい扶持(ぶち)のような、とてもお金をいただける弁当ではなかった。

これを見た私は、腹が立って腹が立ってしょうがなくなった。

はじめは課長に腹が立った。課長は弁当業者を近くの細々と経営している事業者に切り替えていた。切り替えた一番の理由は、安いからであった。おやつも150円程度のものを買いなさいと指示していたが、50円程度のものだったり、お徳用袋から分けるなど、コストを抑えたものだった。

「コスト低減が一番大事」。これが彼らの責任感である。安く仕入れて少しでも差額をプラスにして計上することが利益貢献だと思っている。経営上、それが集客に繋がらず赤字の原因になる行為だと知りもせず。そして、近くて便利だと言う。さらに、その弁当事業者の社長の浪花節にも取り込まれて、勝手に事業者変更をしていたのであった。

しかし、この問題を突き詰めていくと私自身がお客様に対する罪悪感でいっぱいになった。これらの原因は、私自身が社長としての感度の鈍さ、職務怠慢が根底にあったのだ。

⑦経営の鉄則は現場を見てお客様の声を聞くこと

私は何とお客様を無視した経営をしていたのか、どうしようもなく恥じた。家に帰っても恥じ続けた。しかし、一晩で切り替えて対策を打った。

まずは、その事業者の社長を呼んで私の厳しい評価や意見を伝えた。そして改善した弁当を持参して再来社してもらった。弁当は数種類あり、何人かで試食をしたが、センスが悪い、まずい、見栄えもしない。弁当の容器も色合いが悪かった。さらに、その事業者の弁当工場をこっそり視察したが、弁当箱が外に散らかって積んであり不衛生で、仕事への横着さを感じた。

私はその社長を呼び出し「うちは貴社との取引を全面的にお断りします」と宣言した。その社長は「なんとか1カ所だけでも継続してほしい」と目を赤くして懇願してきたが、取り合わなかった。デイの課長は無言でいるしかなかった。社長業は決定、決断業だ。情けを捨てる時もある。

しかし、それだけではいまだ背水の陣であることに変わりはない。私は並行して弁当業者を数社呼んで試食会を行っていた。最も単価が高い事業者は文句なしにおいしかった。見た目がきれいでバリエーションも豊富。そして衛生管理の信頼性が高いため、その事業者に決めた。

原価は1食700円。おやつは150円使うことにした。いただくお金が800円では逆ザヤになる。私は900円に値上げすることを決断した。通常、社員は値下げこそ親切で値上げは悪だと思っているようである。お客様やご家族の抵抗もあるかと思ったが、値段に内容が伴っていれば必ず払ってくれると信じた。しばらくしてそれが確認できて胸を撫でおろした。その後は弁当を残す人が減って、心なしか笑顔も増えたように思えた。「社長、昼ご飯がおいしくなったね」という声も聞けた。

すでに経験値が高いはずの自分であったが、社長の定期訪問、定点観察の効能を嫌というほど知らされた。部下の報告と数字の統計だけでは現場の真の姿は見えない。何かあっても報告があがってこないから当然、改善もできない。このような状況で会社が長続きするわけがないのである。

この件を機に、デイサービスはお客様の紹介が少しずつ増えて黒字転換していった。そこで、開設5年以上経過した施設ばかりになったこともあり、全面的にリニューアルすることにした。1カ所につき600～700万円程度の投資をし、地域密着型事業者に転換もして、部門全体がしっかり黒字化していった。

「現場の空気を感じる」「お客様の声を聞く」「問題があれば手を加える」ことは経営の鉄則である。自由が丘のデイサービスは超人気で、営業利益が20%出るようになっていた。あえて言うと、医療専門職集団のデイは基本的に信頼性が高いと思う。

ソフィアメディは、リハビリ重視型デイサービスを訪問看護の事業エリア内に4カ所運営している。訪問リハビリを卒業して、ソフィアメディのデイサービスに来てもらう。リハビリ中心のメニューを消化し、在宅での可動域を広げてもらいたいという思いではじめた。

お風呂なし。遊戯なし。カラオケも最小限にしてサービスを提供していくと男性のお客様が多くなっていった。

一般のデイサービスは女性が8～9割だが、ソフィアメディは半々で、利用者の約7割が男性というところもある。運動機能向上プログラム（閉じこもり予防・転倒予防）や栄養改善プログラム（偏食予防）、口腔機能向上プログラム（誤嚥性肺炎予防）を強化していることが特徴でもある。

⑧心の機微を感じとる

「名人になれ」とは言わないが、訪問看護の社長は気配りや気づき、気が利くといったような感性を磨くことが大切だ。理性型よりも感性型になることだ。そして何かに気づいたらすぐに改善し善転させるのだ。

古い話であるが、吉行淳之介氏と遠藤周作氏のよもやま話を読んだことがある。

心のヒダや機微を教えようと師匠の吉行氏が芸子さんのいるお座敷へ、たしか神楽坂だったと思うが、弟子の遠藤氏を連れていった。1つの芸事が終わると芸子さんがお酌に回るが、吉行氏は三味線タコを撫でて「君も苦労をしてきたね」と言うと、芸子さんは涙をポロポロ落とした。心の琴線に触れたのだ。

それを見ていた遠藤氏は、次の芸事後のお酌で、ある芸子さんの足のタコを撫でて「君も苦労したんだね」と言ったら、ムッとされ無視されてしまった。どうでもいい、むしろ恥ずかしいことを指摘されて、雰囲気は台なしになってしまった。

訪問看護ステーションは約8割が女性の医療職である。社長は感性と理性の高いバランスが求められるが、もし理性型から抜け出せないのであれば、感性の鋭いNo.2、3を抱え、役割分担することをお勧めする。

⑨「本社閉じ篭り社長」「管理部門偏重社長」「パフォーマンス現場訪問社長」の悪

「お客様に近い位置が社長の定位置」と若輩の頃から経営の師匠に指導を受けていたが、経営を深めていくほど痛感する。

本社に住みついて現場を回らない、行政や名士、ロータリークラブなどの会合好きで外部のつき合いばかりに参加しているのでは社長業は務まらない。これは訪問看護ステーションの社長にも同じように言える。

業績の悪い会社の社長や新規事業が成功しない会社の社長、ことなかれのサラリーマン社長などの特徴を次の3つにまとめてみた。

【本社閉じ篭り社長】

・事業所に顔を出さない
・紹介先を回らない
・お客様に近いところへ行かない
・区役所に行かない
・大学教授関係に縁がない、できない
・同業の牽制がわからないから緊張感のある競合とのつき合いができない

本社にいて、いつも部下に命令している社長だ。チェック魔なのか、会議に酔っているのか、打ち合わせが多いのが特徴だ。たまの外出もその内容がわからないことが多い。事業所へ行く予定も変更ばかりで結局、顔を出さない。これでは穴熊のような視野になって判断が遅くなったり、人任せで責任の所在をぼかすようになる。こういう社長では営業・販売戦略を具現化して実績を出すことは難しい。競合の立場であれば攻めるのに楽な会社である。

【管理部門偏重社長】

「文系だから」とか「経理や会計畑で数字が得意」とか「データ至上主義の会議展開が好き」などと言う。現場の専門性や技術、品質、お客様対応、紹介先への訪問などは自分が関与することはないと考える社長である。ことの軽重がわからないのである。

朝令暮改が得意でデータを作成したり、法や制度が変わるたびに大袈裟に号令をかけるが、それもすぐに覚めてしまう。出した号令や指示もチェックせず、言いっぱなしになり成果が出ない。

営業部署との関わりもデータにしか興味を示さない。いまのお客様数や営業の訪問回数等の確認で終わる。次の一手、二手、おおむねの戦術を指示する知恵がない。

【パフォーマンス現場訪問社長】

突然現場を訪問する社長もいるが、パフォーマンスとして社員には見透かされている。社長本人にそれを言う部下はいない。苦言になるから余程の信頼関係があっても言えない。

こういう社長に対して、現場は本音や問題点、地域の弱点などに気づいても何も言ってくれない。だから営業への反映もできない。

現場を訪問するのなら、梅雨時や真夏、真冬の厳しい時期に1週間ほど時間をかけて、1日ずつそれぞれの事業所を回り、同行訪問に終日つき合うことである。1日に6カ所の訪問を経験すると生活の厳しい家庭や複雑な環境にある家庭など、いろいろなケースに出会う。部屋の隅で正座して現場の空気を感じとってほしい。昼も現場のスタッフと一緒に食べて、夜は希望者と会食して本音で話せる場をつくればなお良しである。現場のスタッフと苦楽や飲食を共にすれば、だれも「社長のパフォーマンス訪問だ」と揶揄しない。

⑩経営方針はボトムアップではなく社長が率先する

社長の経営方針が大切であり、それをトップダウンで示すことが必要だ。私が社長を務めていた時期の経営方針書を一部加工して紹介する（表3-2）。

表3-2 経営方針書（実際のものを一部加工）

1. つくり上手の売り下手では会社が潰れる。
2. 能率とコスト、品質管理等は経営の一部である。経営の大局はサービスや商品を買っていただく「顧客の創造」であり、繰り返しの仕組みづくりである。
3. ①集客＝見込み客の確保（ローラー営業等でたくさんの見込み客を集める）、②見込み客のフォロー（買いたい、頼みたいと思ってもらえるお客様に育てる）、③販売（紹介をもらう）、④顧客化（メンテナンスを継続することで、さらなる紹介をもらうなど、“ファン”になってもらう）
   ④の目的は、自社をお客様のなかから消されないようにすること。コミュニケーション力とは接触の回数と感動にある。
4. イベントがどれだけ新規顧客の開拓や売上増に効果的かは論を俟たない。相手先の創立記念日や春夏秋冬行事、お祭り、52回（週）の旬、最新専門技術の理解、実施指導、経営実務、町内会の巻き込みなど、イベントを開催するための智恵と工夫に際限を設けない。行動することが大切。
5. 「気づき」と「気配り」の名人であること。フットワークの良い「はい。喜んで」の姿勢が、営業の好感度を高める。お客様の60%は営業や社員の感じの良さで商品やサービスを買っている。
6. 安定とは現在のお客様をしっかり守ること。成長とは新しいお客様が追加されることである。
   どんな事業でも売上増の原則は単価×数量。制度上、単価はほぼ変わらない。数量への思想が大事。私は1年前と同じお客様数しかいない経営者に敬意をもたない。成長が止まっており、その不遇を味わうのは社員だからである。
7. シリーズ化やストーリー型、派生型と脈略のある手の打ち方、センスが肝心。感動を与えると人に喋りたくなり、口コミでお客様が増えていく。感動する「コト」をたくさん実践していくことが大切。
8. 定期訪問の信頼性のうえに立った提案や企画はよく通る。不定期で洗練されていない、ほしい時だけの営業は不快感をもたれる。
   年に数回でよいので管理者や専門職が同行する営業も実施する。総合職が定期訪問をしている競合は要注意だ。そこには参謀や軍師の存在がある。自社も戦略や戦術のレベルを上げていく必要がある。専門職がやみくもに営業をしている組織は無視しても問題ない。適度に仲良くして相手の機嫌をとっておく程度でよい。
9. 営業がわからない、嫌い、売り方が下手な者は本部管理職として通用しない。

※原本はもっと項目が多く内容も深い。

社長が示した経営方針をもとに部課長以下がプロジェクト計画を作成して、訪問計画や戦術を実行していく。

2 お客様の要求を掴む（お客様や紹介先、地域活動からの情報収集等）

①お客様の役に立つ営業を

介護保険ビジネスは直接個々のお客様から依頼を受け、サービスを開始する例は少ない。ほとんどがケアマネや地域包括・在宅介護支援センター、病院、在宅医療クリニック、介護サービス等の間接的な紹介先が存在する。したがって、訪問看護ステーションは、こぞってこれらの機関に訪問営業している。極端に言えば、自社の長所や利点等を各機関から利用者本人に薦めてもらっているのだ。

つまり、「紹介をください」というだけの深みのない、ありきたりな営業は辟易されて逆効果になる。営業は、悩みの解決やヒントになるような話ができたり、最新の制度の情報に詳しいなど、機関やその担当者に喜ばれるような、多くの手段（メニュー）をもつことが必要になる（表 3-3）。

もちろん、これらは営業回数を重ねるごとに小出しにする。また、管理者や専門職が同行し具体的なケースについて意見を交換したり、経緯の説明も行うとさらに信頼が向上する。

また、ケアマネやソーシャルワーカー、医療福祉連携の担当者等の知恵袋になれれば関係性はより強固になる。表 3-4 はケアマネや病院向けの営業ツールである。資料を配付したり、イベントを開催することで信頼を得て新規の紹介に繋げる。

訪問看護ステーションは介護保険制度施行後、受注形態ではなく見込み形態のマーケットに変化したが、受注形態のような紹介をもらう仕組みをつくるほうが賢明である。場当たりが一番よくない。

表 3-3 営業の手段（メニュー）の一例

・役に立つ勉強会を開く
・気の利いたイベントを企画する
・業界の橋渡しや連携の役に立つ
・合同カンファレスの手続きを引き受ける
・困難事例を引き受ける
・看護スキルやリハスキルのＱ＆Ａ
・医療保険と介護保険をうまく使い分ける
・転職の相談に乗る

表 3-4 ケアマネや病院向けの営業ツール

・ケアマネ⇔看護師、ケアマネ⇔医師の距離を縮めるフローチャートとその使い方
・看護視点からの患者様用説明資料
・退院計画お役立ち情報のリーフレット
・訪問看護ハンドブック（内部用の力作。懇意にしている人だけに配布）
・年間のイベント情報の一覧
・ソフィアメディ町内夏祭りフェアへのご案内
・おみくじを引ける企画
・夕方の少人数の勉強会と膝を詰めたＱ＆Ａ（軽食つき）
・管理者や教育研修責任者を交えた看護やリハビリの質向上プログラム
・制度変更前後に変更内容を解釈する場を提供する
・社長の経営相談（介護事業者には結構な人気であった）

②増加する訪問診療クリニック

現在、業界では訪問診療クリニックが増えてきており、多くが大手中核病院の懐深くに入り込んでいる。このような場合、クリニックの医師が中核病院の患者様に向けて勉強会を開いたり退院の相談等に応じることもあり、そのまま患者様（お客様）として在宅で診ていくことになる。

そうなると、お客様の意思に関係なく、その訪問診療クリニックが使いやすい訪問看護ステーションに変更してしまう場合がある。お客様の「いままでつき合ってきた訪問看護ステーションがいい」という要望が消されてしまうこともある。

選択の自由が当たり前の現代に、これは時代遅れもはなはだしい。本人や関係者も医師に従わざるを得ない心理になるのは「あとで何を言われる（される）かわからない」と恐れてしまうからだ。医療も看護も介護もサービスを提供する事業者の選択は患者様の自由であり、医師には事業者を指定する権限はない。ここを履き違えている医師が一定数存在している。

また、朝から晩まで24時間365日対応するという“熱血”を売りにしているクリニックもあるが、面倒で手間のかかる患者様は訪問看護ステーションに回すなど、要領よく立ち振る舞っている。地域もそれはわかってきており、仕事が粗く、とにかく量をこなす“稼ぎ”に走った体質は敬遠される。

このようなクリニックは医師1人当たり100人以上の患者を受けもつ。移動のための車の運転から処置まですべて自分でまかなうため、800万円/月、1億円/年を売り上げることも可能である。1億円のうち3,000万円を内部人件費や経費に使ったとしても、7,000万円の年収を稼ぐことができる。

こういった実態は今後の訪問診療費の審議に影響すると思う。医師2～3人で遮二無二稼働する態勢は長続きしない。長時間労働のリスクを厭わず、とにかく稼ぎたいのであれば魅力もあるだろう。しかし、私は訪問看護ステーションから訪問診療を紹介する時に、こういったクリニックは紹介できない。

3 得意先をABC分析に基づき判断する

①営業先を定期的に評価する

社長も担当者も闇雲に営業してはならない。半年または1年ごとにABC分析をして営業先を評価する。評価は紹介量に応じてS、A、B、C、Dの5

表3-5 紹介数によって営業先を5つに分ける

ランク	営業先	全体の上位（%）	訪問の頻度
S	最重要な営業先	5	週1回
A	重要な営業先	15	10日に1回
B	通常の営業先	60	月に2回
C	なりゆきの営業先	85	なりゆき
D	訪問のストップを検討する営業先	95（下位5%）	次の1年間は訪問しない

ランクに分ける（表3-5）。

最重要な営業先、重要な営業先、通常の営業先、なりゆきの営業先と比重を変えた営業を展開していく。下位5%は営業リストから外すという判断もある。

紹介の大部分はごく少数の得意先によって得られる。上位20%の営業先で全紹介数の80%を占めることになる。時間が長ければ長いほどその傾向が顕著であるが、半年または1年程度でもおおむねその傾向は出てくるものだ。

あるエリアのソフィア訪問看護ステーションでは、営業部がつくった年間のABC分析表から反省点と次の一手を記した一覧表を作成している。社名や組織名を伏せ、コメントの内容も具体的な個人名等の情報は消去してある。ただし、数字と戦略的コメント等は生々しく臨場感を味わえるものである。

また、ランクにより訪問頻度を明確にしてもよいだろう。前述したように訪問時は何かのお役立ち情報を持参することだ。特に訪問頻度が多いところは相手の時間も多くもらうので、手ぶらで行くわけにはいかず、緊張感をもって行くべきだ。もちろん愛想も大切であるし、知恵も資料も情報も小出しにできるよう、常に気を使わなければならない。競合が力をつけている場合は、訪問の量＋手の内のバリエーションで差別化を図ることが肝心である。ようするに知恵と手間暇をかけたほうが優位になる。

② ABC 分析表のつくり方

表 3-6 に実践的な ABC 分析表を示す。そこにはその訪問看護ステーションが狙う営業先をすべて列記する。構成比は営業先の上位 20%のところに二重線、全紹介件数上位 80%のところに点線を引く。

表 3-6 の場合、60 カ所の営業先のうち、上位 20%ラインの 12 社で全紹介件数の約 71%を占めている。残り約 29%が 48 社からの紹介である。前年度の数字がさほど評価できず、いくつも営業戦術を駆使して変化させた。この訪問看護ステーションは地域シェア約 40%であるが、50%にチャレンジできる。

1 位の紹介先であっても占有率は 15%以下でコントロールする。偏り過ぎていると事故やトラブルがあった場合、またはその営業先のひいきが変わった場合に紹介数が一気に減ってしまうリスクがある。

また、イベントやホームページの刷新、チラシ等の配布、セミナーの実施などでお得意様が変わることもある。嫌われているのか何年も紹介がなかった近くの地域包括・在宅支援センターから紹介が入り出した例があったが、管理者が変わってコミュニケーションがとれ、意思の疎通ができるようになったことが大きかった。

4 ランチェスター戦略を踏まえた営業戦略

ランチェスター戦略とは、イギリスの航空工学の技術者が、第一次、二次世界大戦の敵味方の兵力量と損害量を調べていくなかで一定の法則を発見したもので、「戦闘を科学した」とも言われ、企業活動の営業や販売等にも応用されている。私見であるが物量の法則と考えてよいと思う。理論は実にシンプルで、ランチェスター第一法則（一騎打ちの法則）とランチェスター第二法則（集中効果の法則）だけである。

つまり、営業や販売で第一法則を意識した場合、「敵の強いところに近寄

表 3-6 実践的な ABC 分析表　　20XX.4　事業所名はすべて仮名

No	事業所名	件数	評価
1	AB 在宅介護支援サービス	38	S
2	CD 在宅ビジネスチーム	32	A
3	EF 在宅介護センター	26	B
4	GH 在宅プランサービス	23	C
5	IJ 在宅介護支援ネットワーク	14	C
6	株式会社○在宅福祉サービス	12	C
7	◇ケアプランセンター	12	C
8	KL 在宅介護支援センター	8	C
9	○◇ケアセンター	7	C
10	◎◎大手病院	7	C
11	◇◇ケア本部	6	C
12	▽ケアプランセンター	5	C
13	□サービス・・	4	C
14	□□大規模医療センター	4	C
15	▽ケアプランセンター□	4	C
16	・・▽ケアプラン	4	C
17	▽△在宅支援センター	3	C
18	MN ケアセンター！！	3	C
19	○△東日本ケアプランセンター	3	C
20	◎□△大学病院	3	C
21	ご家族	2	C
22	OP 保健センター	2	C
23	QR 在宅介護支援センター	2	C
24	ST 包括センター	2	C
25	●○地域ケア	2	C
26	△◎●地域ケアプラン	2	C

No	事業所名	件数	評価
27	●△□医療、ケアサービス	2	C
28	●・サービス広域ケア	2	C
29	ケアプラン CC	1	C
30	AA 在宅診療所	1	C
31	BB ケアプランニング	1	C
32	DD 介護。看護サービス	1	C
33	EE 居宅介護支援	1	C
34	地域 FF サービス	1	C
35	ソフィアケアプラン X	1	C
36	ソフィアケアプラン Y	1	C
37	在宅医療クリニック OO	1	C
38	UV 在宅介護支援センター	1	C
39	区障害福祉サービス	1	C
40	地域医師会	1	C
41	XY 在宅介護支援センター	1	C
42	OP 会区内クリニック	1	C
43	ソフィアケアプラン Z	1	C
44	AC 在宅介護支援センター	1	C
45	ケアプランセンター AD	1	C
46	□□□公立病院	1	C
47	△△△私立病院	1	C
48	広域 ABC 医療ホスピタル	1	C
49	城南地域サポート	1	C
50	城南 ABC ケアプランセンター	1	C
51	AG ケアサービス	1	C
52	K 区介護支援センター	1	C
53	ケアプラン♡♡♡	1	C

No	事業所名	件数	評価
54	ケア△□○センター	1	C
55	Y 区高齢福祉課	1	C
56	TR サポート地域中心ケア	1	C
57	○ A ○ B 建物ケア事業部	1	C
58	1 A 訪問看護ステーション	1	C
59	整形外科チーム表参道	1	C
60	インシュアランスケア	1	C
—	ソフィア訪問看護ステーション AA	2	
—	ソフィア訪問看護ステーション BB	2	
—	ソフィア訪問看護ステーション CC	2	
—	ソフィア訪問看護ステーション DD	1	
—	ソフィア訪問看護ステーション EE	1	
—	ご本人・ご家族	1	
総計		266	

※身内ステーションもカウントすると総計は 275 となる

全事業所数：60 カ所
事業所上位 20%：12 カ所（No.12　▽ケアプランセンター）
なお、紹介件数 80%ラインは 215 件（No.19　○△東日本ケアプランセンター）

紹介内訳と比率

依頼	件数	比率
看護師	218	58.9%
PT・OT	139	37.6%
ST	13	3.5%
総数	370	100.0%
新規	207	75.3%
増回	68	24.7%
総数	275	100.0%

依頼事業所の変化（前年度年間と比較）
（※カウント方式変更に伴い比較数値に若干の誤差あり）

総紹介件数 （336件→370件）
総紹介件数については、前年度比約111%の370件で、34件（約11%）の紹介増となる。

著しい増加
・↑No.2：CD在宅ビジネスチーム（13件→32件）
・↑No.1：AB在宅介護支援サービス（19件→38件）

➡CD在宅ビジネスチームにおいては、昨年度もNo.7（13件）と上位ランクの事業所であったが、管理者・スタッフへの強い信頼により、依頼増となる。最近隣居宅よりの紹介増は狭域を攻める営業戦略を体現している。
➡AB在宅介護支援サービスにおいては、上半期紹介数14件、下半期紹介数24と下半期紹介件数がぐっと伸びた結果、Sランク居宅となる。要望を実現するイベントが功を奏している。ほかには頼まないレベルになっている。

著しい減少
・↓No. 57：○A○B建物ケア事業部（15件→1件）
・↓No. 38：UV在宅介護支援センター（13件→1件）

➡○A○B建物ケア事業部は、既存のお客様はいるものの新規依頼が減少した。原因としてはひとえに営業不足が挙げられる。
➡UV在宅介護支援センターにおいては、こちらも既存のお客様はいるが、新規依頼は伸びなかった。ただ、ソフィアメディのほかの訪問看護ステーションへの依頼は変わらず来ているので、エリアの使い分けが効いており、総紹介件数は増加している。

総　括
上記結果が示す通り、近距離在支からの依頼が著しく増加している。これはひとえに管理者の区へのアドバイス力、教育担当、資料提供の入り込みが功を奏し、在支からの厚い信頼を勝ちとったことが、この結果に繋がっている。以前、懸念のあったCD在宅ビジネスチームからの依頼は今年度は32件。No.2がそれを証明している。

診療報酬・介護報酬のダブル改定に向け、いかに正確な情報を手に入れるかがカギを握ると思われるが、上位20%への太いパイプを活用し、競合の出方に注意しながら情報収集に努める。制度変更の内容を咀嚼して各ケアマネ等に提供し、紹介してもらえる優位性を保持していく。

るな」という教えになる。そして、第二法則を意識した場合「高密度に展開する」という教えになる。

①ランチェスター第一法則

・市場は大手が牛耳っている

大きなマーケット（人口が多い）ほど大手が信頼されてシェアを確立している。労力や資金の投資に対して効果を得るのが困難である。

・シェアが30%を超える組織が近くにあり、競合も多い

シェア30%とは、知名度＋信頼性に拡大性が伴う点である。アンチ派が目立つシェアではなく、しっかりファンがついていて新参者を寄せつけない。

また、競合が多いということは単純に1社当たりのマーケットは小さくなり、奪い合いが激しくなっている。労多くして功少なし。近寄らないことである。

・出店エリアの競合は自社よりスタッフ数が絶対的に多い

訪問看護はまさにマンパワーの戦いであるため、ステーション対ステーションのスタッフ数の多いほうに軍配があがる。一騎打ちの法則とは5対10で戦うと10人のほうが勝利する、10対15では15人のほうが勝利するというものである。相手が自社の1.5倍を超えたマンパワーをもっているのであれば、そこへの出店はお勧めできない。せめて同格を狙う。

・自社は新規出店でシェアはない

すでにシェア30%の地域や店舗をもっていれば、人口の多いエリアでも根気よく耐えていけるが、数店あってもそれぞれがシェア10%程度であれば、まず30%を超えるところをつくるべきある。新規出店はシェアがないのであるから、人口の少ない＝競合の少ないか、弱小企業のマーケットに出店して断トツのシェアを確保してから、徐々に人口の多い地域へ出ていくことである。歴史的にも村→町→市→県でNo.1になって、シェアを30～50%得てから首都圏に進出した会社に一流企業が多い。余談であるが、これは創業経営者の教訓である。

・起業したばかりでシェアはない

一騎打ちで勝てるところ、またはまったく競合がいないところから起業する。都内では競合がいないマーケットはない。弱小のステーション、評判の悪いステーション、万年成長していないステーションの近隣を狙うことである。成長は先述したように歩を進めていくことである。

②ランチェスター第二法則

・訪問回数を上げる

同じ電動自転車で地域を訪問していれば、1人当たりの労働生産性＝1日1人当たり4.8訪問を5訪問に上げる工夫が必要だ。これには1人当たりの高密度な訪問数が大事であるが、ホスピタリティの質低下や医療サービス・移動時の安全確保、制度・新技術の教育・研修の履修に悪影響を与えるレベルまでもっていってはならない。

一時的に売上は上がるものの、やる端から評判を落としていくことになるため、余程信頼できる医療職でも、私は1日当たり7訪問を上限とした。

・訪問看護師を2倍にする

競合の訪問看護ステーションが看護師4人、セラピスト6人、事務1人＝11人であれば、自社は看護師8人、セラピスト6人、事務1人、営業1人＝16人配置し、訪問する看護師を2倍にする。

当然、24時間365日稼働を前提にするため、看護紹介は4：8ではなく16：64と二乗に比例した成果が出る。看護に関しては相手の4倍のお客様＝売上が可能となる。細かく言えば加算があるためさらに成果は大きい。これは看護重視の大規模型ステーションをめざしていくことが賢明である。

まずは、1～3年かけてでも、これと決めた地域で、最もスタッフが多く、24時間365日対応できる訪問看護ステーションをつくることである。その後、競合より時間的エネルギーをかけて（これもランチェスター戦略）懸命になってシェア40～50％にもっていければ、2番は25％、3番は12.5％、その他12.5％に収束していく。

介護保険や医療保険では統一価格で価格操作に無理があるが、シェア50％はプライスリーダーだ。これには人件費比率を上げて年収を高くする必要がある。看護師の採用が大変困難になっている昨今、まずは年収で差をつけることである。

高給をまねするところも出てくるかもしれないが、経営構造が伴っていないとすぐに息切れしてしまう。よくあるのは、基本給は安いままで、なんだかんだと手当をつけて高額報酬に見せているが､理由をつけて手当を減らす、手当そのものを出さないといった姑息な手を使う事業者がいる。

・価格戦略

仮に年収を価格に置き換えた場合、1番手が安く売れば、2番手以下も値下げせざるを得なくなり、やがて損益分岐点を割って経営が困難になる。

また、不義を働いた者がいたとして、その者が近くで独立した場合、その地域だけ低価格戦略をとり、不義を働いた者の資金繰りが立ちゆかなくなるまで攻める業種・業態もある。1番手はすでに経常利益が出ているため、攻めに資金をつぎ込んでも経営に余裕がある。攻められた者は倒産すること必至である。

ちなみに、介護保険や医療保険は統一単価であるため、社長業で最も難しいとされる価格の戦略を考える必要がない分、守られていると考えたほうがよい。どんな社長が経営しても同一価格下にいるのだ。

③シェアの1番手になることがスタッフやお客様のためにもなる

私は2002年にソフィア訪問看護ステーション小山を開始して以来、半径1～2km圏内に指定訪問看護ステーションを2、3店目と開設してきた。時には半径500mという近距離展開もして、それが功を奏すれば継続する。そうでなければ、近くの訪問看護ステーションに統合するというトライ&エラー的な出店もしてきた。

これはp.34で詳しく述べたが、私は200人のお客様を確保し、シェア30%を判断基準に高密度な布陣を展開してきた。都内城南地域の品川区、目黒区、世田谷区、大田区の4区には23区内人口の約4分の1（約225万人）が居住している。これは、概算であるが1km×1kmに約1万6,000人の密度である。これを根拠にお客様200人でシェア30%が成り立つ。

単純に考えれば、城南地域には225カ所の訪問看護ステーションが設置可能である。すでに約220カ所（2019年現在）のステーションがあるが、弱小規模やサテライトも混在しているため、ソフィアメディの30カ所程度でもシェア30%を可能にしている。30%を超えると受け皿さえしっかりしていれば40～50%へは加速もついて実現する。そうなれば2番手がいくらがんばっても25%止まり、3番手は12.5%、4番手以下すべてで12.5%

に収まる。
1番手は圧倒的に経営の余裕があるため、前述したように価格は変えられないが、高額な給与や質の高い教育・研修体制への投資、ICTへの投資、医療・移動時安全体制づくりへの投資等で圧倒的な差をつけることができる。つまり、シェア1番手の企業でないとスタッフが豊かでなくなり、お客様へのサービスも劣化すると言えなくもない。

5 営業方法を駆使して差別化 清掃ボランティアの恩恵

社長が指導する営業方法を集約すると、訪問営業やイベント展開、媒体通信を駆使して業界のキーマンからお客様（患者様）を紹介してもらうことである。
前述したように介護保険や医療保険事業では、居宅介護支援事業所や病院、社会福祉法人、医療法人、民間介護会社などが紹介してもらう先となる。訪問看護ステーションも例に漏れず、これらの機関にどれだけ営業をかけたかで成果が変わってくる。

①営業は乗数

訪問営業が最も大事であるが、営業マンを配置しているところとしていないところでは長期的にみて相当の差が出てくる。単純には営業の人数の2乗に比例して成果に差が出る。さらには営業の訪問回数の2乗に比例する(図3-5)。
これを前述しているABC分析にあてはめて訪問回数をあえて変化させていく。そのうえに説明資料や事例集、制度解釈の事例、お客様情報の共有、宿題への答え、小中大のグループワークや勉強会、セミナー企画のご案内、空き枠情報、退院計画への協力等をしていくことである。
しかし、多くの営業はお客様の時間を奪うだけの“愛想営業”しかできていない。専門職が社長に言われて、手の空いた暇な時間にしかたなく営業してはいないだろうか。

②営業の差別化

前述したように営業にバリエーションを用意すると、営業先が“ファン化”して圧倒的な紹介先のシェアを握ることができる。まさに知恵（ソフィア）の勝負である。

私がソフィア訪問看護ステーションをはじめた時は、品川区役所やその近隣の区役所、民間居宅介護支援事業所、病院などに「訪問看護・リハビリを使用前、使用開始の手続き、実践写真、継続」という資料つくって配布した。

営業先ごとに違う事例をもってその冊子にバインディングしていくと、しばらくして区役所の担当者から「窓口の説明に使えて便利です」や「各病気を理解した手続きや在宅での要領が説明しやすい」「訪問看護の内容が順序を追って説明できる」と評判を得た。

また、訪問診療を実施するクリニックがよくわからない時代であったため、A1 サイズの白地図にクリニック名や医師名、診療科目、在宅の可否、電話番号を書き込んで、品川区、目黒区、世田谷区、大田区バージョンを作成し、関係機関に配布して回った。これは大変好評だった。

これが自信になり、城南地域では「訪問看護ステーションマップ」や「病

図 3-5 営業力は乗数で考える

営業 2 名と営業 3 名の場合

営業成果　4 名：9 名　→　2.25 倍の差

訪問数 100 回 / 月（営業 2 名）と訪問数 200 回 / 月（営業 2 名）の場合

営業成果　1 万回：4 万回　→　4 倍の差

院マップ」「居宅介護支援事業所マップ」の4区分をA1サイズで700～800枚作成して配布した。一部まねをする同業もいたが、創業時から総合職を7人配置した強み（実は営業、人事では最初からランチェスター戦略を意識してコストをかけた）による出来映えときめ細やかさで競合がつくったマップを圧倒していた。

地域介護や看護、リハビリ業界はほとんど自転車移動であるため、特に女性の方が困るのはトイレ事情であった。そこからヒントを得て「自由が丘界隈トイレマップ」をつくるとこれも好評で、各地域のトイレマップをつくって配布した。トイレのきれいなコンビニや愛想よく貸してくれるコンビニ等のコメントも入れると非常に喜ばれた。余談であるが、調子に乗って「地域ラーメンマップ」をつくったが、これはさほど受けなかったのでこのあたりを潮時とした。

差別化の例を紹介したが、営業の量に質も加われば専門職だけで太刀打ちするのは難しくなる。やはり役割分担として、総合職を営業で投入することが肝心である。そして専門性の説明が必要な時にだけ、看護師やセラピストが同行すればよい。営業は幅広く、深く知恵を絞り、真面目かつおもしろいアイデアで営業先を虜にすることである。

③営業への投資

本社の近くにあった学芸大学では鷹番地域のお祭り行事で、ソフィアメディの濃厚な密着イベントを行ってきた。営業部長の仕切りで本部の社員が一丸となり、近隣の訪問看護ステーションの社員もイベントに参加した。イベントでは200万円ほどの機器を購入して「健康測定会」を開いたり、金魚すくいや射的も出店し軽食やビンゴを用意した。ビンゴの1等は松坂牛のステーキ肉。事前の宣伝効果もあり、夕方まで途切れることなく多くの人に参加してもらえた。

このお祭りでは、訪問看護ステーションもデイサービスもホームアレークリニックも混然一体となって協力し合い大好評であった。その後のお客様の紹介にも好影響を与えたと実感している。

このように、社長は営業にお金をかけるべきである。人の育成や最新の機器やツールの購入、企画立案の費用、必要な会食費（接待はしない）を経費比率のなかに織り込み、それをせこくならずに使うことである。投資のないところに成果はなく、時に失敗もあるが、それは次に活かせばよい。営業費や販売費を惜しむ社長と対峙した時、シェアで優位に立つのは楽なものだ。

また、「技術の○○」や「専門性を磨く」というキャッチからはさほど人気を得ていない現実を知ることもできる。技術が研鑽されていることは前提であり、「気が利いている」「機転が利く」「気分が良い」等の感性レベルに訴えることのほうが介護や看護、医療界には新鮮である。ほかにも多くの事例を紹介したいが、企業秘密もあるため数例に留めたい。

しつこいようだが、“感性が求めるものを実現するための手段が理性”である。五感の目、耳、鼻、口、皮膚に、第六感の心の領域も加えて、そこに訴えることである。真面目だけを売りにしていては狭いのである。

④清掃ボランティアの勧め

直接の営業ではないが、ソフィアメディでは数カ月単位で訪問看護ステーションごとにエリアを決めて、清掃ボランティアを開催してきた。

土曜日の朝8時半に集合し、全員ピンクのビブスを着て、主に訪問看護ステーションがある駅の周辺のごみ拾いをしてきた。子どもを連れてくるスタッフがいたり、初めて会うスタッフと会話できるなど楽しいイベントだ。住民の方からも「ご苦労様」や「ありがとう」と声をかけてもらえるとさらにやる気が出てくる。

こういった活動をホームページやニュースレター『ソフィアメディ便り』で発信しており、営業先が見てくれていたり、チェックしてくれるケアマネもいて「微笑ましい」「すごいですね」「私も参加したい」という声をいただく。ただし、良いことをしているという自惚れはなく、結果にこだわらない姿勢で取り組んでいる。

6 クレーム処理とトラブル対処の徹底

①医療・介護はクレームの多い業界

建築業はその昔からクレーム産業と言われているが、高額商品のため施主が神経質になるのは当たり前だと思う。

では、医療や介護業界はどうか。大切な心身を診てもらう、尊厳に関わる行為をお願いする、知られたくない家庭事情をさらけ出すなど、神経質になる領域である。そして何より税金や保険料だけでなく、自己負担（自分でお金を出してサービスを買う）する時代になっている。また、密室であり個々にサービスが実施されるため、それらの苦情や不満、トラブル、契約違反行為等には保険者として区役所も敏感だ。さらに公的なサービスの評価も厳しくなっている。たとえば、2000年から私も委員を務めた品川区では“品川標準”を設けて事業者を監視している。

②クレーム処理の考え方

ソフィア訪問看護ステーションでは、創業当初から自社でクレーム処理の徹底を図っている。具体的な方針は後述するが、社長がクレームをいち早く知る仕組みをつくることが大切である。

企業の大小はあるが、ここ10年ほどの不祥事や事故、事件は、情報開示が遅い会社ほど社会で叩かれている。不祥事等を隠してもいまの時代は内部告発や外部からの誹謗、密告、SNSによる拡散等で表面化するのは時間の問題だ。「恥ずかしい」とか「信用を失う」とか「沽券（こけん）に関わる」とかは昔の話で、いまは現実を正直に伝えて謝罪し、取るべき手続きや対処を明確にすることが求められている。

クレーム処理は、関係者共通認識→謝罪→対処→関係者報告が最も基本である。

③クレームの概念を理解できない医療職

訪問看護ステーションを開始して間もなくであるが、クレームという概念のない看護師たちには呆れたものである。クレームが来ても無視したり、隠したり、人のせいにすることが平気であった。ご家族が立腹して区役所に訴え、区役所から呼び出しがあっても謝らない。逆に拗ねる。

「手当てしてあげている」という医療職特有の上から目線なのか。苦情や不平、不満を言われると突然不機嫌になる。社会人として、企業人として、基本的なところがしっかり訓練されていないのである。態度も言葉も知らない。サービス業であることなどまったく意識せず、自分自身はどこにいっても看護師やセラピストとして食べていける、引く手あまたであると思っているから始末が悪い。

世のサービス業はホテルに代表されるように、お客様にホスピタリティを提供するのが当たり前であるが、それがわからないことに苦労した。

このような背景もあり、入社時の社長レクチャーでクレーム対応を教え込む必要があった。毎日の朝礼でも輪番で経営方針書を読む習慣をもった。医療職たちは素直に従いにくかったようであるが、時が経つにつれて周りから評価されて自信を得ることで、自ずと前向きな姿勢に変化していった。そういった人たちは、専門技術に加え、真摯な心が伴って、馥郁（ふくいく）な人格の香りを放つようになったと感じる。最近は「会長、経営方針書の文言は人生教訓です。いまでもそらんじて言えます」とうれしい言葉を聞いている。

④クレーム対応への方針

クレーム対応は、基本的には営業職や本部の総合職が担う仕組みにした。また、患者様⇔ケアマネや機関（必要に応じて訪問診療や訪問介護の事業者）と情報共有していった。このようにして情報を隠すことがなくなった時期から、クレームの対前年比率は下がっていった。

クレーム対応を総合職が担うため、専門職は負担が少なくなり、その分、訪問の質の向上や回数の増加に向けることができる。中小企業はこの点がまったく弱い。大手事業者は上場会社の義務で法令順守が厳しいが、社長はほとんど関与せず、大したクレーム対応をしていない。この隙はチャンスなのだ。**表3-7**は私が社長時代に作成したクレームに対する経営方針書の一部を加工したものだ。

なお、ソフィアメディは、数年前から顧問弁護士とコンプライアンス委員会を設置しており、言いにくいクレームや誹謗等を相談できる体制をつくった。個人的な相談もできて、上司や仲間には決して知られない仕組みになっている。もちろん、当時、社長だった私でも知ることができず、守秘義務は徹底してある。このようなセーフティネットは時間もお金も必要であるが、現代においては密室で行われる行為に対し、何を言われるかわからない部分があり、社員を守るためにもこういった体制を強化しておくべきである。

表3-7 クレーム対応への方針

・まず、お詫びをする姿勢から入り、感情を逆なでせず、内容をよく把握する。
・最優先事項として処理するため、可能なかぎり迅速に社長へ報告する。起こった事実をありのまま伝達すること。言いわけや責任問題ではなく現実の対処を優先する。
・社長⇔部長⇔課長⇔管理者⇔営業担当者は、すぐに情報を共有し、社長（不在時は部長→課長）の指示を確認してから現場に行って対応する。
・仲間や上司への気遣いは無用。面倒と考えて後回しにすることは、さらに事態の悪化に繋がる。また、必要経費や経済的損失は無視して対応スピードを優先する。
・クレームはその内容に関わらず、また大小に関わらず報告する。お客様やそのご家族にとってクレームの大小は問題ではない。
・わかりやすいクレームだけではなく、精神的不快感や事故未遂の指摘、事務処理が理解できないなど、すべて真摯に受け止める。ただし、クレーマーの場合は本部が慎重に対応する。事実にもとづき社員を守るのが社長の経営姿勢である。
・クレームの発生自体には絶対に責任を追及しない。クレーム報告をしなかった時や指示された対処を怠った時に厳しく責任を追及する。
・賢明な人は自分が言われた不平や不満、要望も正直に上長へ報告をする。姑息な人は報告・連絡・相談を放置し、やがて組織全体に迷惑をかける。
・自分都合で訪問時間を簡単に変える、約束の時間に遅れても平気、注文をつけると不遜な態度になる。これらは医療職がトップの会社やクリニックに見られる傾向である。彼らは「お客様や関係者が悪い」と自己責任を自覚しないが、これを反面教師とする。
・クレーム対応後に問題を分析し全社で改善する。クレームを貴重な財産として活かし、改善の仕組みをつくり、再発防止に取り組む。

第4章

内部体制づくりと現場環境整備の要諦

1 内部体制のつくり方

①年間売上１億円を達成できなければ将来はない

訪問看護ステーションの内部体制づくりは、事業規模（小・中・大）によって間接部門のあり方や投資の仕方が変わってくる。

はじめに訪問看護ステーションの内部体制づくりについて、メイン事業における年間売上１億円、３億円、10億円の３つの段階に分けて例を示す（表4-1）。自社の売上に応じてあてはめて応用してもらいたい。

小さな訪問看護ステーションでは、社長が複数の職を兼務しており、すべては社長の機嫌や懐次第になっているところも多い。申し上げにくいが、一定規模（年間売上１億円）までもっていかないと将来がないと断念して、早めにＭ＆Ａ等で売却を検討したほうがよいと考える。もう少し言えば年間売上10億円規模まで奮闘して、経営の安定を図るべきである。その規模まで創業から10～15年で到達できるような経営計画が必要だ。

創業３年目でノウハウや仕組みを固め、その後は１年に１カ所を出店し続けて堅実に積み上げていけばよい。

ソフィアメディは、創業10年で売上20億円（営業利益は10%ほど）を突破し、15年で売上30億円ほどになった。訪問看護における30億円の売上≒粗利は、建設業で150億円の売上、商社では500億円の売上に匹敵する。

②４つの重要部門には強いリーダーを配置

内部体制を司る重要部署は、人事・総務部門、教育・研修部門、営業とサービス提供部門、会計部門の４部門である。

この４部門（可能であれば営業とサービス提供を分け５部門とする）には、知恵と胆力のある部課長を配置することが重要だ。特に営業のトップが素人では負け戦ばかりとなる。

この４部門を統括するのが社長であるが、後述する“文鎮型”の部門配

表 4-1 事業規模ごとの内部体制づくりの例

売上規模	年間 1 億円	年間 3 億円	年間 10 億円
(1) 各職種年間の平均人件費(法定福利費込)	看護師 540 万円 セラピスト 540 万円 事務・総合職 430 万円	看護師 570 万円 セラピスト 570 万円 事務職 440 万円 総合職 560 万円	看護師 580 万円 セラピスト 580 万円 事務職 450 万円 総合職 580 万円
(2) 人件費率(労働分配率、社長人件費込)	74%	73%	72%
(3) 人件費総額	7,400 万円	2 億 1,900 万円	7 億 2,000 万円
(4) 社員数と人件費の内訳	看護師・セラピスト 9.5 人×540 万円 = 5,130 万円	看護師・セラピスト 29.5 人×570 万円 = 1 億 6,815 万円	看護師・セラピスト 100 人×580 万円 = 5 億 8,000 万円
	事務・総合職 3 人×430 万円 = 1,290 万円	事務職 3 人×440 万円 = 1,320 万円 総合職 3 人×560 万円 = 1,680 万円	事務職 10 人×450 万円 = 4,500 万円 総合職 12 人×580 万円 = 6,960 万円
	社長 7,400 万円 −(5,130 万円 + 1,290 万円) = 980 万円	社長 2 億 1,900 万円 −(1 億 6,815 万円 + 1,320 万円 + 1,680 万円) = 2,085 万円	社長 7 億 2,000 万円 −(5 億 8,000 万円 + 4,500 万円 + 6,960 万円) = 2,540 万円
	総社員数 13.5 人	総社員数 36.5 人	総社員数 123 人
(5) 社長の給料(月収)	人件費 980 万円 ÷ 1.15 ≒ 850 万円 月額 850 万円 ÷ 12 ≒ 71 万円	人件費 2,085 万円 ÷ 1.15 ≒ 1,813 万円 月額 1,813 万円 ÷ 12 ≒ 151 万円	人件費 2,540 万円 ÷ 1.15 ≒ 2,210 万円 月額 2,210 万円 ÷ 12 ≒ 184 万円

売上規模	年間1億円	年間3億円	年間10億円
(6) 専門職が全体に占める割合（社長も全体に含む）	9.5人÷13.5人 ≒70.4%	29.5人÷36.5人 ≒80.1%	100人÷123人 ≒81.3%
(7) 1人当たり労働生産性（全社）	1億円÷13.5人 ≒740万円	3億円÷36.5人 ≒820万円	10億円÷123人 ≒813万円 ※給料の昇給率は売上規模年間3億円よりも高い
(8) 人事・総務部門（部長や課長等）の配置	社長が兼務	総合職の部長を配置	総合職の部長を配置 スタッフ3人
(9) 教育・研修部門（部長や課長等）の配置	看護師・セラピストから担当を決める	キャリアのある 看護師を配置	専門職の部長を配置 スタッフ2人
(10) サービス提供部門（部長や課長等）の配置	社長が兼務	社長が兼務	社長が部長を兼務 スタッフ1人
(11) 営業部門（部長や課長等）の配置	総合職が担当	総合職の課長を配置	総合職の部長を配置 スタッフ3人
(12) 会計部門（部長や課長等）の配置	社長が兼務	経理の係長を配置	経理の課長を配置 スタッフ1人

置がベストである（p.127の図4-3参照）。一般産業界は製造業が中心になるが、モノを仕入れる部門、それを加工製造する部門、そして商品化して販売する部門、さらに会計部門からなり、それぞれに強いリーダーを配置することが鉄則である。それを訪問看護サービス事業にあてはめると、前述の4部門になる。

社長は早い時期から意識して自分の仕事を切り離し、4部門の幹部を養成する。または、外部から抜擢する必要がある。

私は意図して有能な人物を一般募集で採用し、直接指導して部門長に抜擢していった。中途採用の総合職は、名の知れた大学で立派な学問を修め、優良企業で働いてきた精鋭たちである。このような人材を集め、内部体制を強化していたからこそ、私は現場の質を見て回ることができ、長期事業や将来構想立案等の社長の本業に徹することができた。

また、えるぼし認定取得以前から、人事部長とサービス提供責任者、会計の管理職に女性を配置していた（図4-1）。全体でも管理職の70%が女性という布陣であった。実力やセンスを評価していくとそうなった。目標に対しての遂行能力は女性のほうが強いのではないかと実感する。ともあれ、彼女たちはよく仕事ができて信頼の厚い、私の自慢である。

図4-1 えるぼし認定マーク

女性が活躍しています！

えるぼし認定とは、女性活躍推進法に基づき、女性の活躍推進の状況などについて一定の基準を満たした優良な企業を認定する制度。ソフィアメディは訪問看護業界初のえるぼし認定企業である。

③自分の仕事を切り離しリーダーに任せる

私は４部門に強いリーダーを配置したが、実を言うと社長が動かしやすい体制を追求した結果である。

「専門職比率は何パーセントが妥当でしょうか」という質問をよくされるが、専門職が多くなければ売上は上がらない。しかし、総合職や事務職が不足すると土台が不安定になり、会社の崩壊にも繋がりかねない。年間売上１億円前後からは専門職と総合職（事務職）の割合は８対２を目安にしたい。

そして、専門職社長の不得手な領域には総合職のキャリアが支援する体制が必要だ。社長であれば自分の仕事を切り離す勇気をもち、任せるところはしっかりと任せる。ただし、“任せる”とは、任せたと同時にチェックする責任が伴うことを肝に銘じておくことだ。チェック機能が働かなければよからぬ方向に進んでしまうことがある。

社長のチェックとは「経営方針書に則っているか」だけである。余計なことや迷いが生じるようなことは言わないほうがよい。部下は前に進めなくなる。

④正しい役割分担が高収益に繋がる

経験からの判断基準であるが、訪問看護ステーション経営は年間売上３億円あたりで安定した経営体制になる。拠点数は３～５カ所ほどだろう。社長が専門職の場合が多いため、人事部長や営業部長、経理管理職には総合職のキャリアを採用して自分自身は教育・研修部長を兼務したり、サービス提供責任者を兼務するというスタンスがよいだろう。

役割分担は機能性が高くなり、収益にも好影響が出てくる。役割分担をしなければ専門職が経験のない業務ばかり兼務することになり、内部体制にだんだんとほころびが出てくる。

売上ばかり追いかけて役割分担を疎かにしている結果、利益が出ない。そうなれば当然借入が増え、給料も業界平均より低くなる。さらに専門職が総合職の仕事を兼務するから正常な内部体制にならずモラルが低くなる。このような悪循環に陥っているケースをよく見る。

これは社長の責任以外の何ものでもないが、好転させるにはまず、無力な自分、つまり自分ではできない領域があることを自覚することだ。そして、それを補う優秀な総合職を採用し、体制を立て直すことが必要だ。

2 人事・総務部門の体制づくりにおけるポイント

①手当や賞与は不安定な報酬

人事・総務部門には年間を通して重要なファクターが多い（図 4-2）。看護師の採用が厳しい現在は、ホスピタリティが実感できるような企業体質も重要であるが、それ以上に給料や手当、休暇に関して競合と比べてメリットがなければならない。

給料の仕組みは、業界一般には「基本給＋残業手当＋役職手当＋オンコール手当＋緊急時対応手当＋通勤手当＋住宅手当」等を設定し、年に２回の賞与（基本給の３～４カ月分）を付与している。

毎年、等級号数表を使い、基本給の定期昇給とベースアップを検討し、次年度の号数単価を決める。最近の社会全体の流れとして、定期昇給もベースアップも順当に上げられないこともあるため、一律数千円とか数パーセント

図 4-2 人事・総務部門の役割

募集・採用：募集 → 面接 → 採用 → 雇用契約

研修業務：入社時研修 → 初任者研修 → 専門性研修 → ステーション配置 → OJT → 従事者研修

評価・次年度契約：成績評価 → 次年度報酬決定と契約

で労使が妥協していることが多い。

次年度は各スタッフの実績評価に応じて等級号数を見直す。文章で書くとわかりにくいと思うが、面倒な手続きが多いわりには、大した昇給にならない。

手当は水もので確実にもらえる給料ではなく、賞与も成績次第で上下するため、経営サイドには有利であるが（売上が低ければ賞与を減らせばいい）、本人にとっては年収が予定と異なることもある。手当や賞与は不安定な報酬なのである。

②年俸制はわかりやすい

ソフィアメディでは創業当初から年俸制をとっている（表4-2）。前述のようなある意味トリッキーで不安定な報酬体系では看護師への説得力がないからだ。看護師をはじめとする専門職は、当初予定していた手当がさほどの金額にならないとわかれば数カ月で見切りをつけて辞めてしまう。また、1回目の賞与の低さに愕然として半年も働いていなのに（半年では給料に見合うお客様を相手にしていないため、採算はまったくあわない）辞めていってしまう。

表4-2 年俸制型のメリット

- 毎月の成績が悪くても決めた年収、月額を支給してもらえる。
- 等級号数型の給料制では、仕事の出来不出来に関係なく徐々に給料が上がる仕組みで、ある一定の年齢になると昇給が止まり、以降は徐々に下がっていく。一方、年俸制では、いまがんばって良い成績を上げると、次年度はランクが上がり年俸が50～60万円昇給することもある。若くても高額報酬を得られるチャンスがある。
- 生活スタイルが変化した場合、自分から年俸を低くする代わりに訪問数を少なくできる。無理をしない働き方も可能になる。訪問数を多くするので年俸を上げてほしいという相談も可能だ。
- 役職がつけば、月に5～20万円以上の役職手当が加算されるため、年俸800～1,000万円以上といった高額報酬も可能になる。
- オンコール手当や緊急時出動手当、死後の処置手当、交通費、24時間対応に関する後方支援は別途充実させることも可能だ。

その点から等級号数型（年功序列型）の給料制ではなく、年俸制の給料体系で年収を保障してきた。

さらに、専門職と総合職、事務職も含めた全員を年俸制とした。業界の平均年収に10％上乗せすることを基準とした。残業代は1カ月30時間まで込みであるが、もちろん残業時間がなくても年収を保障した。また、体調不良が多かったり低い生産性や低い実務能力で、予定していた契約訪問数に追ついていない場合も年収を保障した。

ソフィアメディが訪問看護ステーションをはじめた当初の看護師業界の平均年収は、手当込みで400～430万円あたりであった。そこで私は未経験でも450万円の年収を保障して、37万5,000円の月給を支払った。年俸制に慣れていない看護師やセラピストの一部は「あまり成績が良くないのに本当に月額を満額もらえるのですね」と安心していた。逆に「なぜ賞与がでないのか」と聞く者もいたが、これには閉口した。雇用契約書で「年俸には賞与相当分（基本給の4カ月程度）が含まれている」と示しているにも関わらずである。成績が悪くてもしっかり保障するというのにまだ欲をかくのである。

ただし、年俸制は経営者として相当の資金を用意していないと、資金繰りが追いつかなくなる。等級号数型給料制は基本給と手当の支給だけで賞与は半年に1回であることから、毎月の資金繰りは年俸制より楽である。賞与時には相当の資金が必要であるが、評価が低ければ金額を下げられるメリットがある。

また、10年前の専門職年俸制判断基準表を表4-3に示す。エッセンスはいまでも変わらないので参考になれば幸いであるが、説明の必要な人は私のところに来てほしい。

③女性の職員が求めること

社員が300人を超えるあたりまで、私自身が積極的に面接に参加して応募者と対話してきた。特に経営理念については想いを込めて説明し、在宅医療における訪問看護と訪問リハビリサービスの必要性を深く伝えてきたつもりである。

また、給料や休みのことはもちろん、クレームやトラブル、事故の対応、安全対策といった総合職が専門職を守る体勢も独自性をしっかり示し、理解を得られるよう説明をしてきた。こういったなかで女性応募者の希望は表4-4に示す3つに要約できる。

この3つは、女性の医療職の本音であると実感したため、柔軟性のある勤務体制を整えた。ベースを「常勤正社員」と「回数制の非常勤社員」の2

表4-3 専門職年俸制判断基準表の例

・東京都特別割増を考慮した1訪問単価　8,300円×1.083 ≒ 9,000円。
・法廷福利厚生費：税込み支払い給与×0.15（15%は会社負担の人件費）。
・業界の労働形態は4週8休で月当たり稼動日数は22日、ソフィアメディの平均稼動日は20日であり、給料換算で1割高である。
・医療保険のケースは売上を介護保険訪問看護7の9,000円に換算して訪問数を出す。

※会社人件費の考え方：経営計画の基本（常勤モデルケース）

1．売上　85訪問 × 9,000円 × 12カ月 = 918万円
（12日 × 5訪問 + 8日 × 6訪問）× 0.85（実施率）≒ 85訪問

2．現場スタッフ人件費　（平均労働分配率57.5%）
918万円 × 0.575 = 527万8,500円
（常勤1人当たりの人件費：会社負担法廷福利費15%込み）

3．本社・総合職・事務職人件費：売上×15%　（会社負担法定福利費15%込み）
918万円 × 0.15 = 137万7,000円
（2 + 3で総人件費は72.5%となる、通常健全経営は70%以下）

4．一般経費：売上 × 20%
918万円 × 0.2 = 183万6,000円

5．会社営業利益：売上 × 7.5%
918万円 × 0.075 = 68万8,500円

6．常勤看護師入社時の年俸基準 = 1人当たり人件費 ÷ 1.15
527万8,500円 ÷ 1.15 = 459万円 ≒ 450万円 / 年
（リスクを鑑みて）

7．常勤のPT・OT・STの入社時の年俸基準は看護師同様年俸450万円
リハビリは看護と違いキャンセル率が低いため、1カ月90訪問以上可能であるが初年度は同額とする

8．看護師、PT、OT、STとも経験年数、専門性で明らかにレベルが問われる場合は基準より低く採用する場合がある
また、訪問経験2年以内の人は、研修期間として当初1～3カ月以内の給料は月額80%とする

No	1年間の1カ月平均訪問数	年間売上（円）	労働分配率（57.5%）	本人年俸（円）	月額給料（円）
1	50	5,400,000	3,105,000	2,700,000	225,000
2	55	5,940,000	3,415,500	2,970,000	247,500
3	60	6,480,000	3,726,000	3,240,000	270,000
4	61	6,588,000	3,788,100	3,294,000	274,500
5	62	6,696,000	3,850,200	3,348,000	279,000
6	63	6,804,000	3,912,300	3,402,000	283,500
7	64	6,912,000	3,974,400	3,456,000	288,000
8	65	7,020,000	4,036,500	3,510,000	292,500
9	66	7,128,000	4,098,600	3,564,000	297,000
10	67	7,236,000	4,160,700	3,618,000	301,500
11	68	7,344,000	4,222,800	3,672,000	306,000
12	69	7,452,000	4,284,900	3,726,000	310,500
13	70	7,560,000	4,347,000	3,780,000	315,000
14	71	7,668,000	4,409,100	3,834,000	319,500
15	72	7,776,000	4,471,200	3,888,000	324,000
16	73	7,884,000	4,533,300	3,942,000	328,500
17	74	7,992,000	4,595,400	3,996,000	333,000
18	75	8,100,000	4,657,500	4,050,000	337,500
19	76	8,208,000	4,719,600	4,104,000	342,000
20	77	8,316,000	4,781,700	4,158,000	346,500
21	78	8,424,000	4,843,800	4,212,000	351,000
22	79	8,532,000	4,905,900	4,266,000	355,500
23	80	8,640,000	4,968,000	4,320,000	360,000
24	81	8,748,000	5,030,100	4,374,000	364,500
25	82	8,856,000	5,092,200	4,428,000	369,000
26	83	8,964,000	5,154,300	4,482,000	373,500
27	84	9,072,000	5,216,400	4,536,000	378,000
28	85	9,180,000	5,278,500	4,590,000	382,500

No	1年間の1カ月平均訪問数	年間売上（円）	労働分配率（57.5%）	本人年俸（円）	月額給料（円）
29	86	9,288,000	5,340,600	4,644,000	387,000
30	87	9,396,000	5,402,700	4,698,000	391,500
31	88	9,504,000	5,464,800	4,752,000	396,000
32	89	9,612,000	5,526,900	4,806,000	400,500
33	90	9,720,000	5,589,000	4,860,000	405,000
34	91	9,828,000	5,651,100	4,914,000	409,500
35	92	9,936,000	5,713,200	4,968,000	414,000
36	93	10,044,000	5,775,300	5,022,000	418,500
37	94	10,152,000	5,837,400	5,076,000	423,000
38	95	10,260,000	5,899,500	5,130,000	427,500
39	96	10,368,000	5,961,600	5,184,000	432,000
40	97	10,476,000	6,023,700	5,238,000	436,500
41	98	10,584,000	6,085,800	5,292,000	441,000
42	99	10,692,000	6,147,900	5,346,000	445,500
43	100	10,800,000	6,210,000	5,400,000	450,000
44	101	10,908,000	6,272,100	5,454,000	454,500
45	102	11,016,000	6,334,200	5,508,000	459,000
46	103	11,124,000	6,396,300	5,562,000	463,500
47	104	11,232,000	6,458,400	5,616,000	468,000
48	105	11,340,000	6,520,500	5,670,000	472,500
49	106	11,448,000	6,582,600	5,724,000	477,000
50	107	11,556,000	6,644,700	5,778,000	481,500
51	108	11,664,000	6,706,800	5,832,000	486,000
52	109	11,772,000	6,768,900	5,886,000	490,500
53	110	11,880,000	6,831,000	5,940,000	495,000

※10年前の介護報酬を反映した計算根拠。現在は使っていないがエッセンスは通用する。

表 4-4 女性の応募者の 3 つの主な希望

- 結婚や妊娠、出産、産後の復帰の期間等、変則的な働き方を希望する。その予定が直近になくとも、あらかじめ気にかけている人が多い。
- 年俸制を回数制に変更してもっと稼ぎたい。または、生活の時間を確保したいので回数制にしてもらいたい。
- 自己啓発や専門性の継続的な勉強をしたい、制度の情報を理解したい、資格を取得したいなど、教育・研修に関しての支援をしてもらいたい。

つにして、おおよそ1対1の比率を保持した。

週3日以下の勤務であれば回数制へ移行するが、1日6訪問ほどであれば結構な給与になる。強者（つわもの）もいて、回数制で週5日勤務、1日6～7訪問（ソフィアメディの訪問上限は1日7訪問）実施し、70～80万円の月収になる看護師やセラピストもいる。ただし、有給休暇の1日当たり保障金額は常勤正社員より低い。また、退職金の対象者にはならない※1。

教育・研修は、売上配分の2%ほど投資をする。仮に売上10億円であれば10億円×2%＝2,000万円（167万円/月）の投資である。部門長は現場の優秀な管理者が担当するとよい。

ソフィアメディの場合は、専門職の実務教育のツボを心得た研修を実施している。また、看護技術の先端に挑んでいる先生や暗黙知をもつ経験値の高い先生を講師に招いたセミナーや、土日に大がかりな（半日ないし終日）セミナーを開いている。私も講師に立ち「人が何のために生きるか、仕事をするか」という人間学のセミナーを請負っていたこともある。また、認定看護師取得支援や専門技術の向上、新技術の吸収等の外部研修への資金援助も行っている。

④看護師管理者の負担を減らすシステムの構築

実は私の訪問看護ステーション運営の仕組みは、看護師管理者の負担軽減を当初から目論んでいた。それまでの訪問看護ステーションの管理者は何で

※1　現在はマイナーチェンジしている。

もやる“よろず屋”で、人事から請求まですべてに関与する。クレームやトラブル、事故にも対応するが成果が出にくい実態があった。

人事・総務部門、教育・研修部門、営業とサービス提供部門、会計部門は本部が指導していくので、看護師の管理者は部下のサービス提供時の質の担保や、専門性のフォローに回れたり、現場への同行訪問に力を入れられるようにした。

さらに、管理者は1カ月の訪問数を45訪問程度に設定してあるため、1日2訪問程度で残りの時間をスタッフとのコミュニケーションや、ケアマネとの調整、医師への指示書依頼等に使えるようになる。

管理者は、訪問看護ステーションを立ち上げて半年ほどは担当0でよい。また新人の看護師が入り、自分の担当を移行するのであれば2カ月程度は担当0でよい。紹介があまりない時期も担当0でよい。このように管理者に負担が集中しないよう運営することが大切だ。これであれば、仕事が忙しくても“自分の得意な仕事をしている”のでストレスの度合いが違ってくる。なお、ソフィアメディでは、訪問看護ステーションの管理者に本部の課長職と同等の権限を与えている。

管理者の報酬は規模や成績によって年俸を設定するが、650～900万円ほどである。経営責任はなくとも、中小規模の訪問看護ステーションの社長程度にはなる。

ソフィアメディの管理者は月2回、本社または近隣の貸事務所に集まり、約1時間半、統一事項の確認や社長による数字の見解、テーマを絞った意見交換を行っている。さらに個別のプロジェクト（訪問看護ハンドブック作成等）会議もあるが、これは毎回ではない。

私は会議が終わると、何人（半分から3分の1程度）かの管理者を誘って夕食をともにしていた。そこでは本音のトークになるため、実務的なことよりも精神的で感情的な意見をもらうことが多いが、できるだけ解決できるよう動いた。女性の管理者と話すコツは、目線を一緒にして（同化するという表現が近いか）悩み、考える、他愛のないことで笑うという姿勢だと思う。

⑤人材のタコツボ化に注意

創業当初が顕著であったが、気の合う者同士を通り超えて会社に真っ向から背中を向けるような看護師たちがいた。経営方針書をどこか馬鹿にしてしっかり読まない。朝礼を大切にしない。トイレ掃除はまったくしない。昼休みには床にシートを敷いて寝転がっている（建設現場のようだ）。

社長の私も軽く見られていた。「いつ辞めてもいいから。でもいないと困るでしょ」という視線と態度には辟易した。そして仲間を引きずり込み、タコツボ社会をつくる性質の悪さは天下一品で、正常な会社に戻すには一度壊すしか手がなくなる。

最初は従順で良い看護師や管理者を演じており、妙に気が利く行動をとる。しかし、いつからか、自分が重用されていないと思うのか、まったく逆の性格に変わる。頭もきれるほうではないが妙に悟ったことを語ったり、運営成績は大して良くないにも関わらず、遠回しに会社や社長を批判する。さらに、話を合わそうともせず、自分のいいように振り回そうとする。会食しても「周りもみんな、私と同じ気持ちです」とか「ほかの訪問看護ステーションのスタッフからわざわざ私に相談があり、上は知らないようで可哀そう」といった事実無根を語る。そして部下もこれに従わざるを得ない“タコツボ”の環境をつくる。

こうした人材は、会社の成長に批判と悲観ばかりだったが、誰もかばわなくなり退職していった。大変迷惑なケースだったが、会社が成長していたおかげで排除できた。成長は実に大事である。

⑥どうしようもない専門職もいる

タコがツボのなかに何匹も入った場合、誰も外へでなくなり、やがて共食いすると聞く。最後には自分だけになって自滅するというオチであるが、人間の場合もよく似ていると思う。

タコツボに集ったのはいいが、そこでいじめたり、悪質な場合は退職に追い込んでいく。リーダー格もやがてなす術がなくなり退職していくが、外部に対して毒ガスを吐きまくるため、事後の処理や信頼回復に相当の手間がかかる。いや、信頼回復しないケアマネや医師もいらっしゃる。

こういった輩は、どういう育ちをしたのか、品性をしているのかと感じることがある。近くの同業他社に平気な顔で転職して、平気でソフィアメディ時代のお客様に営業をかけている者もいる。

普通でないのは、知らぬ間に内部の医療職を民間療法リハ（標準の治療やリハビリではないため経営者が責任をとれない）習得に誘い（一種の洗脳状態にして）、その後、引き抜きをする。過去に私が主催していた経営塾等で厚遇をしていても、悲しいかな、信義感というものがないのである。

時間が経過して、転職先の競合訪問看護ステーションがうまくいかなくなり、数人が私に泣きついて「もう一度雇ってほしい」という。再雇用したこともあるが「君たちは無理だ」と断ったこともある。

こういった人たちは「報酬や立場を良くするから」などの甘い誘いに乗り、就職した先々で次々と軋轢を生み、職場を転々としてきたのであろう。自業自得としか言いようがない。

しかし、会社が正常に発展してくると、人材もどんどんと浄化され、こういう輩はいなくなっていく。立ち上げの時、暇な時、成績の悪い時のほうが彼らのような思想の持ち主や歪んだ性格の人間が巣食ってくる、または生まれてしまうのだ。

正常なスタッフと情報交換をしない、独りよがりである、暗い話しかしない、不満や不平ばかり言う。そしてこのような状況に周りの人を巻き込むようであれば、タコツボ化の信号である。がんと同じで早期に発見し、早期の治療が必要だ。

時には弁護士に相談しながら、辞めるように促すことも必要である。数カ月分の月給を保障してでも、退職してもらう。なかには諭しても治らない者たちもいるのだ。

3 組織体制と現場環境の整備

①組織はピラミッド型ではなく文鎮型

組織体制は、本社は最小限の管理に徹し、お客様と接する現場の環境整備を重視する。組織図は、文鎮型で各部門長と社長は直結とする（図 4-3）。

取締役会と同等の位置にソリューション会議をおいて、現場をコントロールできるとよいだろう。旧態依然としたピラミッド型の組織体制では意思疎通が悪くなる。

組織体制をつくる時、業界や内部事情のわからない“管理屋”が跋扈すると、この旧態依然としたピラミッド型の組織になり、そこに自らを無理矢理関与させてくる。

社長の次に取締役をおき、以降、本部長→部長→“権力をもった管理屋”となると、不便で不透明な組織になる。そして、この管理屋が意思疎通のボトルネックになる。こういった輩は陰湿で威張っているから始末が悪い。社長（虎）の威を借りて威張るお為ごかしや提灯もちの管理屋が出てきたら、うまく排除することである。そうしなければ現場が腐ってしまう。

組織は、お客様と接する現場からのクレームやトラブル、事故、問題発生等に迅速に対処できる形が正常である。現場→社長、または現場→管理者→社長が最善である。

図 4-3 文鎮型の組織図

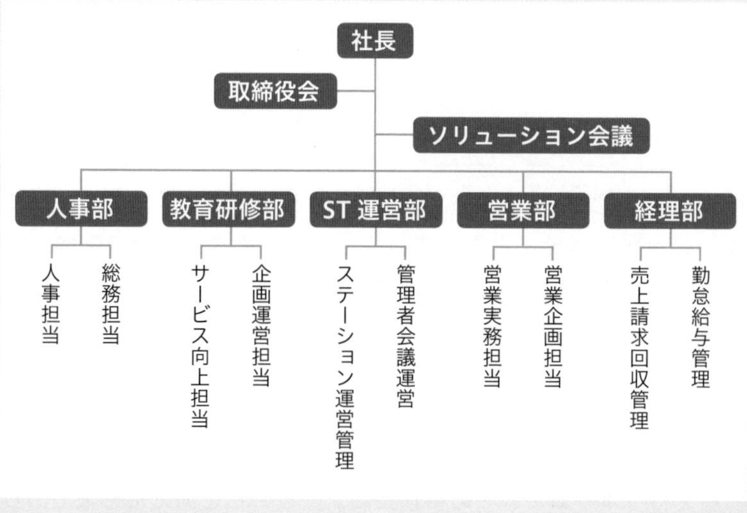

②ピラミッド型では迅速な対応ができない

ピラミッド型ではクレームやトラブルが社長の耳に入らないことによって、対応まで1週間以上かかることもあり、その間に現場は大変な事態に発展することがある。

クレームやトラブルは、とにかく早く社長の耳に入れ、謝罪や弁償、関係各所への情報共有等の対応が必要だ。クレームやトラブル対応はスピードが命である。早ければ早いほうがよい。

また、社長の方針や指示はすぐに部門長と相談し、部門長のコンセンサスと理解を得られたら即座に部下に伝達、指示、命令を発せられる組織であると会社の流れがよくなる。

社長と部門長の疎通が悪くなると、部下はそれを敏感に感じとり、"頭ふたつ"の環境に困惑する。そして社長のほうが権限が大きいため、部下は社長に直接フィードバックしてくるようになるが、飛び越えられた部門長はたまったものではない。そういった場合、社長が気を配り、情報を共有するよう、社内の環境を整えるべきだ。

何度も繰り返しになるが、社長は部下の仕事をとらないほうがよい。成績の悪い会社は社長が部長の仕事をしており、部長が係長の仕事しており、係長は平社員の仕事をしており、平社員は（会社の）将来をどうしようか、と社長業の仕事をしている。

③ソリューション会議の創設

年間売上が3億円を超え、5億、10億円と大きくなるにしたがって、組織は1つのコミュニティとなっていく。これはまさに社会の縮図で、多くの問題が発生する。とても社長だけでは対応できなくなるため、問題を解決する組織を設けるべきだと考える。

私は年間売上20億円に届く前あたりに、ソリューション会議と称する組織を設けた。メンバーは、実務全般に精通する専務と次長、管理経験者と看護サービスのトップにいる看護師、人事部長、営業部長、教育・研修部長、訪問診療を行うホームアレーの事務長に、社長の私を加えた会議である。

私が感じている問題を議題としてボードに書く（不在時は専務が担当す

る）、経営のトップが中心となって「Now & Here（いまここすべて）の俊敏さをもって、現場や会社に起こっている問題、起こり得る問題を解決する」という目的である。実に明確である。

議題は、訪問看護サービスの内外で起こり得る問題についてや、制度解釈、現場への情報の落とし方、クレームや要望への対応、人材動向の確認と人材不足への対策、競合の情報と戦術・対策の指示、研修プログラムと講師の手配、参加促進、訪問診療クリニックとの連携確認など、多岐にわたる。

順序立てた形式だけを追う“お利口さん”の会議はしない。必要な時に、必要な内容を、必要なメンバーで検討する。前回の決定事項は確認するが、その日の議題については頭をブラッシュアップして望まないと、提案や見解が狭くなる。問題意識が強いか弱いか、気づきがあるかないかが求められる。

④すばらしかったソリューション会議メンバー

私はソフィア訪問看護サービスの質の特徴であればいくつでも列挙する自信がある。またそれは、たった1人の看護師ですべてを表現できる。

その看護師は創業当初間もなくから入社した。公立大学を卒業していたがズブの素人看護師で、当時の管理者によくいじめられ、批判され、遅くまで仕事をさせられていた。第一号ステーション小山では人の入れ替えが激しかったが、彼女はじっと耐え、すべてを自分の血肉にしていた。そして何より性格が明るく、多くの人が彼女に救われた。

やがて実力をつけた彼女は認定看護師資格を取得し、大学院に通い看護学理論に精通していった。しかし彼女の場合、机上の論理屋ではない。とにかくお客様や関係先から徹底して好かれる“仕事師”であった。

その後、彼女は、小山や元住吉、成城、城南等の立ち上げの管理者や、その他の大規模ステーションの管理者として活躍した。また、ソフィアメディ最初の24時間365日と重度に対応するステーションを立ち上げから軌道に乗せるまでの運営管理を担ったのだ。社長の私が最も信頼してきた看護師である。長くなったが、彼女をもってして「ソフィア品質」と言えるほどの存在である。

また、余談であるが、長年私の薫陶を受けた経営管理のエキスパートやソフィア品質のこの看護師を何かのかたちで敵に回したら、私もソフィアメディも負けると断言できる。それほどの手腕をもっている。

ソリューション会議のメンバーは実力とロイヤリティを兼ね揃えており、そして強い信頼があった。目が上にしかついていないヒラメみたいに上しか見えない、出世しか意識がない、ご都合主義のお為ごかしとは胆力が違った。私なりの経営手腕で指導と教育をしてきたが、皆、相手本位の発想で心根が良く、本当にすばらしい仲間に恵まれたと思う。“縁を知って縁を活かす”――まさに社長冥利に尽きる出会いである。

このソリューション会議を起点に、現場の問題をすばやく解決する体質ができあがっていった。

4 訪問看護・リハビリにもICT化の波

① ICT化やロボット技術の進歩で現場が変わる

遠隔診療はすでに一部で報酬を得られるようになった。訪問看護やリハビリにおいてもICT技術の進歩により、遠隔で様子を確認して指導するという時代は近いと考えている。そして評価方法や単価設定等が整い、それに経済性が伴っていれば保険財政上の実現も早いと思う。

また、ベッドやその周辺の介護、看護、リハビリには、ロボット化が求められる場面が多くあるし、それらはいずれ遠隔操作できるようになるだろう。IoT技術がますます進む場になると想定している。介護の人手不足を解消するためにロボット化が進むとされているが、看護も同様だ。軽度の人には看護師を必要としないケースも出てくるだろう。リハビリも軽度の人へのルーチン指導であれば、PTやOTがいなくても可能な運動も見受けられる。私自身、白血病で10カ月以上入院した経験から、看護の段階的なケアも、リハビリが関与する順序も説得力をもって必要、不必要と言うことができる。

訪問看護ステーション経営のあり方も、社内外の連絡を中心にICTの進化によって変わっていくだろう。つき詰めるとスマートフォン管理の完成度が高くなり、自宅から出動可能になるかもしれない。そうなれば"ステーション"という箱はいらなくなる。本部という管理センターがあれば、あとは面接や教育研修できる場所をもてばよい。訪問看護師もセラピストも、計画に応じて必要な日時に、必要なサービスを自宅から提供すればよくなるのだ。

クレームや要望への対応やサービスの品質管理、各所への報告⇔連絡⇔相談をどうするか、ペーパーレスをどの程度実現するかなどの課題はあるが、クリアできるだろう。

②指示、命令、上申は ICT をうまく使って気を配る

社長は常にいろいろなことを考えるものである。早くやりたい、すぐに変化させたいというせっかちな思いから、部課長たちの頭を越えて、現場のスタッフに直接指示を出してしまう。これでは組織は機能不全を起こしてしまう。

もし、部課長たちの頭を越えて直接指示、命令を出した場合は、ICT 端末を役職者に付与しておき、すぐに同じ情報を与えることが必要だ。共通認識さえしていれば、部課長たちが責任をもって社長の指示、命令を実行してくれる。

また、現場スタッフからの上申も ICT 端末から受けつけて構わないが、同じように部課長たちと共通認識を図り、意思の疎通とスピード、信頼を失わないことである。

早期に現場の担当者や外回りする者全員に、スマートフォンやタブレットを渡せるよう設備投資をしておきたい。

AI と IoT 等の技術が進むと、勤怠管理や営業報告は最低条件として、空き枠の管理、遠隔地のバイタル管理や指導、服薬管理、24 時間必要なあらゆる対処など、人が関与しなくてもできる範囲が広がっていくだろう。

そうなれば専門職のあり方や労働生産性、リスクマネジメントの概念も変わっていく。看護師 1 人が月にお客様 50 人をみても、1 日 8 時間以内で働けるようになる日も近いと想定している。そうなった時、古い価値観に縛られた抵抗勢力に、私はなりたくないものである。

5 ソフィアメディにおける問題解決の実務

①問題解決体制を社長直轄でつくり、短期、中長期を分別して対応

ソフィアメディでは、スタッフが500人ほどの規模になるまで、訴訟や交渉、弁償、謝罪、行政からの呼び出し、厳重注意等、多くの事態に遭遇した。大企業では総務系が対応することであるが、ソフィアメディではソリューション会議で認識し、対処法を決めて指示を出していた。その際は専務取締役が前面に出て、会社の顔として取り仕切っていた。

ここでは事例をもとに問題解決に到るまでの要領を解説する。こういった事態は即刻解決するものではなく、時間がかかり、労力も神経も相当に疲弊するが、正義心にもとづいて起こったことを正面で受け止めることが大切である。

私は事実を加工せず、可能なかぎり内外にディスクローズすべきものはしてきた。老婆心ながら、訪問看護ステーションの経営者として起こり得るリスクを知り、より健全な経営に繋げてほしいと考えている。

問題はいつでも発生するものと考えるべきだ。実際に問題が発生した時に慌てて対処すると、つけ込まれたり、足元を見られたりすることがあり、とてつもなく時間と労力をとられてしまうこともある。

通常、クレーム（苦情、不満、要望）や嫌がらせ、事故報告（医療事故、自転車事故等)、請求回収トラブル、各種団体等の外部からの圧力や不当な扱い等があると、社長は気が滅入ってしまう。訪問現場を抱えながらであれば、なおさらである。

そうであるなら、やはり任せられる優秀な部門長を配置しておき、部門長が対処する体制をつくることが大切だ。総務系に強いNo.2を要していると問題が複雑化しにくい。

前述したように、ソフィアメディではソリューション会議を設立し、起きた問題に対して、それが緊急対応か、短期対応か、中長期対応かを吟味して

対処してきた。

ほとんどの問題は緊急、または短期対応が必要だと思う。いますぐという状況のなか、呑気に会議を開いてから対応していては話は拗れ解決まで長期にわたってしまう。逆にあらゆる可能性やリスクに対して日頃から見識者を交えた事例を勉強していないと大きな損害を被る場合がある。

「コンプライアンスの遵守」と言われて久しいが、顧問弁護士と契約し、定期的な協議の場を設けて、社長以下幹部は知識や事例を勉強しておくべきである。これも社員や会社を守るリスクマネジメントである。仕組みで動くように会社を変えておくことが必要だ。

②「市場にはお客様と競合しかいない」と自覚する事例

社長業を長く続けると、地域や業界からいろいろな頼みごとが増えてくるものである。これは会社の規模が小さくてさほど忙しくないうちは情報交換やコミュニケーションの場として役に立つ。

しかし、頼みごとがエスカレートしていき、ロータリークラブや青年会議所、業界社団・財団等の公益法人、ひいてはイデオロギー団体等に、先輩経営者から推薦されて深入りする社長もいる。

そこで徐々に役職を得て、さらにその団体の仕事が増えていき、なかなか自分の会社にエネルギーが投入できなくなるパターンである。

また、これらは公益の仕事で利害のないように見えるから気分が良くなってしまう。一定の地位や名誉も得られるし、それが長期にわたれば国や県、市区町村から貢献表彰や感謝状等ももらえ、地域の名士となり自尊心は満足する。そして会社の壁は賞状でいっぱいになる。

私は長年業界経営に携わるなかで、このような社長でも会社を豊かに成長させてきた者は数人しか知らない。ほとんどの社長は自社の経営を停滞させてしまう。自分の経験から自信をもって言えるが、自身のエネルギー配分が実に難しいのだ。

良いことをしているのに社員はそれを知る機会は少なく、誇りに思わない。また地域でも会社として特別評価されることもないので売上や利益は上がっていかない。そして、社長が向いている方向がお客様から離れ、お客様との距離が開いて感度が鈍くなり、サービスの質の劣化を肌で感じられなくなる。

理屈でしか対応できなくなってくるのだ。だから的が外れて本業に没頭している競合の社長に負けていく。

個人の名誉や名士、功労者のレッテルを貼ってもらえるが、一流の経営者ではなくなる。

私は公的介護保険制度施行前の 1997 年に、現公益社団法人かながわ福祉サービス振興会（以下、振興会）の設立の発起人として組織の立ち上げに参画し、理事や常務理事、副理事長を務め、20 年目を境に退任した経験がある。

全国的にみても当該の振興組織としては、最もレベルが高く、内容の濃い活動をしているといまだに自負している。早くから投資してきた情報管理システム等の質と量を中心に、県や市区町村、業界事業者、各種業界団体や住民参加をネットワーク化して高い利便性を構築しているのである。

振興会の経営は補助金や助成金で一定の活動費の目途がつくものの、健全な運営を継続していくには毎年度自立した予算をつくる必要があった。それでも時流をしっかり読んで適切な事業を展開してきたため、毎年成長をしながら現在に至っている。

ソフィアメディやホームアレーが成長期に入り、大きな体制整備や構造転換を迫られていた時期と重なり、私は二兎、三兎を追う器量のないことを自覚して、同様に成長著しい振興会の副理事長を 2016 年に辞任した。25 人ほどの理事のなかでは 50 代半ば、最年少であった。

これを機に、公的な地位や名誉、名士への未練は一切断ち切った。経験して思うが、名誉ある仕事は実業で功成り名を遂げた歴戦の経営者が就くべきである。そして、どこの振興組織等も役所出身者や学者が上座を占める旧態な体質が残るが、次代は業界の経営実務家が優先されるよう変革していくべきであると思う。役人出身者や学者主導では実現スピードが遅くなる。

しかし、退任については、本来、大人物である創業時の理事長とともにすべきであったが、1 年弱延長をしてしまった。その結果か、私のエネルギー投入量が足りなくなり、ソフィアメディの成長は 2 〜 3 年遅れてしまった。

長期事業計画では 2017 〜 2018 年の IPO をめざしていたが、成長期の組織を支えるための体制整備が追いついていなかったのだ。また、私が本業に割く時間が少なくなっていた分、地域戦でシェアが伸びない、それどころか落とすところも出ていた。お客様が増えなくなったのは競合にソフィアメディが圧されていたからである。その後、襟を正して本業に取り組んだが、今度は病に侵された。天を仰ぎ忸怩たる思いが募るばかりとなってしまった。

我に返れば「訪問看護の社長業」をしていたことに気づいた。その経営の本質には、会社の外部には「お客様と競合しかいない」という鉄則がある。不覚にも忘れていた。ほかの何ものでもない、経営者としての怠慢であった。

③会社法の“理不尽な壁”を痛感した事例

懸命に訪問看護ステーションを経営している社長であれば、ここで紹介するような脇の甘い、ずさんな管理が露呈する事例は起こらないと思う。しかし、あまりにも理不尽なケースに遭遇した例を紹介したい。

紹介会社経由の面接で一度は断ったある医療職に「給料を度外視してでもソフィアメディに入りたい。ソフィアメディの経営学を教えてほしい」と言われ、私の判断基準が緩み入社することになった。

その医療職は、現場では能力、人間性ともに期待には応えられず、それは管理職に抜擢しても同じであった。致し方なく、ほかの訪問看護ステーションへ異動をさせたが、そこで信じがたいことを起こした。

私なりにその医療職を信頼し、管理職へ抜擢し、地方の優良企業の見学に同行させたり、経営者として精神的に大事にしている名所にも同伴させるなど、誰よりも勉強の機会を与えていた。しかし、ソフィアメディにとって「庇（ひさし）を貸して母屋を取られる」ということわざそのものであるような事態が起きたのだ。

その医療職のよこしまな行為は、常識的に不可能なことを可能にしていた。通常であれば、会社を退職してから自社を設立し、指定訪問看護ステーションの申請と認可をスムーズにとっても、サービス開始まで最短3カ月かかる。しかし、その医療職はソフィアメディに勤務しながら、それをすべて、しかも給料をもらいながら3～4カ月で準備していた。

そして、ソフィアメディを退職した翌日から自社の訪問看護サービスを提供しはじめた。「ここまでやるか」と驚嘆した。その医療職がソフィアメディ時代に担当したカルテをすべて確認したが、手書きで「訪問看護終了」と記載されていた。これは“訪問看護が医学的にいらなくなった”ということになり、カルテ偽装であった。

しかし、“時すでに遅し”であった。内外から「不自然な行動をしている」と警告があったにもかかわらず、悠長に構えていた私の責任であった。就業中におかしな行動がたくさんあり、現行犯的に事実を突きつければ、会社にとって有効な対処ができたにもかかわらず、疑うことをしなかった。

USBで内部資料をもっていかれた。フォームや書式、帳票類をもっていかれた。申請書類をトレースされた。監査内容をもっていかれた。これらの情報管理のずさんさは、組織のコンプライアンスやコーポレートガバナンスが確立されていない時期であったためでもあるが、裁判所の見解では、情報管理の不徹底を攻められて不利な立場になってしまう（おかしな話だと思うが）。さらに、その医療職は管理者（課長職）であり、取締役と違って会社法上の競業避止義務を負わない、ということであった。取締役であれば罪は重かったが、当然、実力のない者を取締役にすることはなかった。この法律には閉口した。

しかし、私のつき合ってきた経営者やアントレプレナーとしてはあり得ない品性の持ち主であった。成功している経営者は皆、「狭き門より入れ」と言う。苦労して創業して、厳しい門を潜り抜けてきた社長は強くてたくましい。そして実直である。私事であるが、ソフィアメディの創業時は“広くて苦労のない門より、狭き門”を選んだ。いや、選ばざるを得なかった。3年間辛酸を舐めたが、その後の経営は持続的に優良体質である。

その後の医療職であるが、そこからの転職者が多く、さまざまな現象が起こっている。すべて開示したい気持ちだが、2例だけ紹介する。

- ソフィアメディに転職したら「これが本物の経営方針書なのですね」という声があった（パクリ方が中途半端のようだ）。
- 創業後まもなく、近隣でそこの社員たちが独立した。ソフィアメディでしたことが自分に返ってきたのではないだろうか。訴訟を起こしたようだが、不正競争防止法や会社法の壁がある。

人事は水際が肝心だ。面接要領を固めて、人物観察の視点を決める。目つきや人相、言語を概念化する能力に一定の判断基準を設定し、最後は対面時の感覚を重視する。資格者がほしくても“人柄が歪な人物”を断ることが、のちのわざわいを回避する。これが得られた教訓である。

④スタッフの交通事故とその後の対処に関する事例

信号のない交差点でソフィアメディのセラピストはバイクを運転し、相手は自動車であった。乗用車は交差点の前で停止をせず、注意を怠り、左からきたセラピストのバイクと衝突した。これが警察の見解である。

セラピストは意識不明となり、救急車で地域中核病院の救命救急センターに運ばれた。この時点で管理者から社長の私に連絡が入った。

急ぎ病院へ駆けつけた。ご両親も駆けつけていた。その時点で命の無事は確認できた。交通事故で社員を失うわけにはいかない。安堵の涙が流れた。

翌日、事故を起こした自動車の運転手が会社に詫びにきた。相当にショックだったようであるが、起こした事故の償いとして、警察や会社を含めた被害者の要求にすべて応えたいという。私は保険会社と連絡をとり、現在の医療費や慰謝料ではなく、症状が固定されたのちの弁償も支払うように交渉力を発揮して約束を得た。

本人は少しずつ回復していったが、復帰まで1年ほどの時間を要した。このセラピストはソフィアメディでも1、2番の訪問回数を消化していた。私は数年間クレームもなく、トラブルを起こしたことのないスタッフに関しては1日8訪問まで認めていた（この事故をきっかけに7訪問を上限とした）。平均1日7訪問は極めて難しいと思うが、それを実現する“稼ぎの良い”スタッフであった。

退院後、訪問リハビリで以前と同じような訪問数をこなしたいという希望であった。しかし、医師の診断書には厳しい病名が書かれていた。とても以前と同じ環境下で働くことはできないと判断した。訪問数を減らして、空いた時間をデイサービスでの指導やリハビリを提供してはどうかと提案したが、気に入らないようであった。

会社としては各専門家からの指導やアドバイス、評価をもらって適所に配置をすると決定した。しばらくはデイサービスと訪問リハビリのコンビネーションで働いてもらったが、どうも以前と同じだけ稼ぎたいという意思は変わらないようだった。しかし、量（訪問回数）に質が伴わないのであれば、本人の希望に応えることはできない。

私は事故による心身機能の低下に疑問があったため、以前と同じ量にならないように指導した。彼には保険金で大きなお金が入ってきたが、それでも「将来の不安を感じているのでたくさん訪問したい」とはかなりの心配性だとも思う。私は週３日のデイサービスと２日の訪問リハビリという周りの提案を受け入れて彼に通達した。お客様への迷惑を最小限にしたいというのが本音である。

会社の関係者のここまでの支援や労力、“思いやり”がわからないようで、彼からは退職するという意思が伝わってきた。ここまで会社が尽力して、彼に有利になるような保険金の支払い交渉や、復帰プログラム、実務的な能力評価を繰り返してきたが、すべて水泡に帰した。

退職後の転職先は近隣の競合であった。裏方の支援を感じとれないまま辞めていったことに、しばらくやるせない気分が続いた。

その後、ソフィアメディ時代のお客様に声をかけていると耳にした。これには「放置する」という判断をした。情けをかけたわけではない。次のように考えたからである。ソフィアメディが彼にリスクマネジメントや就業支援をしたが（労力にしたら500万円はかかっている）、それに感謝どころか「訪問回数を増やしてくれない」という点だけで被害妄想を起こして辞めた。彼の実態を再就職先が知った時、ソフィアメディと同じように人件費や時間をかけて対応してくれるのか、はなはだ疑問であったからである。

⑤医師会からの圧力への対応事例

医師会は市区町村単位で必ず存在する。「日本医師会」はよく聞く法人名であるが、多額の献金しかり、診療報酬のご意見番といった圧力等、耳にする話から察するに絶大な力をもっているようだ。医師会に就業したことはないので、あくまで外聞や医師会員の話から想定したイメージである。

指定訪問看護ステーションを運営していれば、必ず医師の指示書という書類が必要で、それがなければ勝手に訪問できない。一種の縛りであるが、医師の人数を鑑みると、また退院する時間を節約する意味でも、医師に準ずる資格者（たとえば、ナース・プラクティショナー〔処方箋も可〕）が可否し、判断のスピードを上げるべきではないかと考えている。

看護、介護の在宅化はますます進むため、在宅と病院を行き来しやすいように、ICTを活用し、手続きや書類等の許可事項を減らし、一層合理化を進めていくべきである。これは医療費の節減になること必至である。

地域の医師会は地域の診療所でほぼ持ち回りのように会長を輩出している。そして相当数の地域診療所の医師による理事会がある。コンプライアンスやガバナンスにうるさい民間企業の取締役会に比べると、理事会には厳格な匂いを感じない。

また、医師会会員に申し込んでも会員を許可する診療所とそうでない診療所があるが、その理由や魂胆がわからない。とある事務長からは入会してほしいと言われるが､結構な入会金と会費が魅力なのであろう。一方で1年経っても2年経っても入会許可の返答がないところもある。出身大学で差別しているのか、MS 法人を嫌っているのか、曖昧模糊としたままである。日医総研といって日本医師会お抱えのシンクタンクと仲良くしていた時期があるが、ここは優秀かつ時流を先取りした頭脳をもっていて、タッグを組むのに頼もしい存在であるが、上述の返答には関与したくない雰囲気であった。

ある地域のクリニックの患者様が大学病院に入院され、めでたく退院となった。その際、身内の訪問診療クリニックを指名してもらったことがあった。ご本人の意思を尊重した病院の医療福祉連携室の紹介であった。しかし、元々その患者様を診ていたクリニックの院長が注文をつけてきた。「お宅が私の患者をとった」という言い分である。

その病院の医療福祉連携室からの退院は自分のクリニックへという流れがあるのだ、ということである。「何をかいわんや」である。クリニックも医師も患者様の意思で選択されるフリーアクセスなのである。時代遅れもはなはだしい。何か理由があって敬遠されているのだ。手腕がないから、疎通が下手だからなどで敬遠されているのだろうか。フリーアクセス競争場裡では自分が反省するべきである。本来はそうであるが、この件は患者様にしっかり説明して、元の診療所へ“返す”という判断をした。

これで終了かと思いきや、話は地域医師会の会長までいっており、会長はその診療所の大学の先輩でもあるとのことで騒ぎが大きくなっていた。

「クリニックが送った患者は、退院後はそのクリニックに戻す」という暗黙のルールを私どものケアマネが無視したということで、医師会まできて説明をしろと言われた。営業妨害という声もあり、これは私の癇に障った。反社会勢力的な言動、要求をするものだという感想である。

そして、ケアマネと責任者に来所しろと言う。担当管理職によると謝罪をさせて収束させる思惑だったそうだ。何を謝罪するのか、実に根拠のない話である。そこで私は、この件は逆に恥をかいてもらおうと思案した。

当日は、私の指示で専務と顧問弁護士、部門次長、ケアマネ管理者で出向いた。先方も会長以下、事務長や担当理事が対応した。こちらの顧問弁護士が同行したことがわかると「録音しているのか」と確認があったが、「いや録音したほうがいいでしょうか」と顧問弁護士が切り返すと、あたふたしていたという。

「医師会は任意加入の団体であり、強制加入の団体ではない」「任意加入団体が一企業の担当者を呼び出して説明を求める権限や根拠があるのか」という顧問弁護士のひと言で先方は腰砕けになった。

先方の魂胆は謝らせたいのだが、強く出られず「病院と診療所間での“患者のキャッチボール”は誰もがわかっている」と言いたい様子で、必死に権威を振りかざした様相であった。振りかざした拳を下せなくなったようであるが、私どもはそんな自己中心的な論理は知らず、その前に患者様の選択の自由があることを主張し、先方の思惑には従わなかった。何も謝罪などせずに終った。

その後、医師会からのいじめや嫌がらせがあるとも言われたが、私はむしろそれを顕在化させてほしいと思う。理不尽なことには対峙しなければ前に進まない。任意加入団体が逆上して旧態依然とした自己中心的な対応をする限り、地域包括ケアシステムなど絵に描いた餅となるだけである。厚生労働省や地域行政、事業者からご機嫌とりばかりさせていては、地域住民が困り、最後は自身が困る結果になる。

私は自前で訪問診療や訪問看護、訪問リハビリほか、重度用介護サービス＋病院をもてばよいと考えている。打つ手は無限である。翻弄されない選択をする。

第5章

訪問看護ステーションの繁栄に向けた社長の経営計画

1 ただの熱い想い、粗野な望み、漠然とした夢を経営理念に昇華させる

①創業時の社長の想い

希望に燃えて訪問看護ステーションの経営に参入した専門職社長は多く存在する。ナイチンゲールよろしく「自分たちが患者様を最期まで在宅で看取っていくのだ」「朝から晩まで、晩から朝まで一生懸命に尽くすのだ」や、現実的な考えで「成功したい。豊かになりたい」「お金持ちの経営者になりたい」「社員が数百人いる会社にしたい」など、純粋な思いを聞く場面に数多く遭遇してきた。実に欲張りな、都合の良い、そして憎めない熱い思いだ。

事業経営を高尚な考えではじめる人は少ないかもしれない。育ちや学歴、貧乏への偏見や、大病を患った、人を見返したい、認められたいなどのマイナスの感情を抱え、それをバネにがんばる経営者もいる。

しかし、人を雇用し、お客様とつき合い、売上・利益を上げて、ある程度、会社がかたちになってくると、数字を追う目標を示すだけでは、多くの社員を惹きつけられない壁にぶつかる。ここからが社長業の本領発揮であるが、成功や失敗などの経験値や暗黙知に照らして社長自身の哲学や思想を練りに練った「経営理念」を標榜し、全社員を一丸としなければならない時点に来ているのである。

②経営理念は“よりどころ”である

思想＝価値観＝物事の判断基準である。よって、思想には角度があり、どこからものを見るかで現象が違ってくる。プラスの思想、高い思想に対してマイナスな思想、低い思想がある。

哲学は難しいが、物事の根本原理を追求する学問である。「人がいかに生きるべきか、いかに仕事に取り組むべきか」という原理原則を定義できるだろうか。

実存主義とよく言われるが、存在価値が高い低いとは、いかなることか。

イデオロギーもよく聞くが自分の確固たる主義主張があるのか。宗教観でも結構であるが、その教えは自信をもって事業経営に当てはめられるのか。いずれにしても、これらのなかから自分の経営は何をよりどころにしていくのか。それが“経営理念”である。

経営理念は不変のよりどころであり、命を懸けてやるべき任務としてワンフレーズで表現していく。キャッチコピーやスローガンのように軽いものではない。変化がテーマではないのだ。

これからの時代、スタッフは結構な頻度で入退職するし、同業に転職もする。責任感は薄くなる。また副業が活発になれば、それはさらに希薄になる。どこにでもあるようなキャッチコピーレベルでは到底スタッフのよりどころにはならない。だからこそ想いが深く独自性の強い経営理念が必要になる。

経営理念は、すべて社長の責任において自分で七転八倒しながら考案することだ。それでこそ、みんなのよりどころになる。やがて中堅企業、大企業になり、社長が数年おきに代わるようになれば、創業の精神を繋ぎながらも、マイナーチェンジやアレンジを加えることは結構である。

「個の想念が動かす衆の力学」と経営の師匠に学んだが、実にその通りで社長の想念、理念の実現をめざして社員が動いてくれる。

③創業時は荒削りでよい

「病院から退院すると在宅ではどんな生活をしているのか。なぜすぐに病院に戻ってしまうのか」「そのような実態があるならば、私の看護の力を発揮して、その人たちを在宅で支援したい」という志や強い思いをもった専門職社長は多い。

創業時はそういった志がそのまま経営理念でも結構だと思う。成功や失敗を経験するとともに、感性も磨かれ、その志の本質が自分なりに見えるようになり、言語を概念化する能力も充実してくるものである。

④私の経営理念

私はいまから20年ほど前のセントケア時代に在宅介護の限界を推察していた。つまり、在宅で医師が診療、治療を行い、看護師が医療行為をフォローし、セラピストが可能な限りリハビリを提供しなければならないと考えてい

図 5-1 経営理念

経営理念

英知（ソフィア）を尽くした私達の在宅療養支援で、お客様の自己重要感を高め、生きる喜び・生き甲斐の創造に寄与します。その先に、社員の厚遇と活動地域への貢献を実現します。

た。そうしなければ介護資格者では手が出せない領域が多く、お客様の在宅生活が成り立たないと痛感していた。

このような思いから、訪問診療⇔訪問看護⇔訪問リハビリ⇔介護系事業等と、在宅療養支援のインフラ整備を推進し、利便性の高い地域医療環境に変えていくことが私の任務だと強烈に感じていた。

いかなる心身状態でも、その人にとって「普通の生活をする喜び」を得られるような環境整備をめざしていく。これが私に沸々と湧いてきた使命感であった。

ソフィアメディの経営理念は、創業して２～３年目で固まっていた。図5-1は私が社長時代の経営理念で、経営方針書トップに掲載した文言である。

⑤英知（ソフィア）

英知とは、物事をありのまま把握して本質を見極め、問題解決に導く力である。英知＝ソフィア（ギリシャ語)、その英知を尽くした私たちの在宅療養支援サービスを通して、お客様が自分の存在価値に自信をもたれるよう、強く必要とされているという自己重要感を高めていく。すると、積極心が旺盛となり「人生の幸福感を味わいたい＝生き甲斐を享受したい」という自立的な生き方に向かっていく。私たちのすべての事業は、お客様の「生き甲斐の創造」に寄与することである。その結果、健全な収益が得られ、社員への厚遇が継続できる。また、国や活動地域へ税金として利益を還元でき、貢献の第一歩を実現できる。これが仕事をするよりどころであり、ソフィアメディ

図 5-2 経営理念と同時に医療職、技術屋集団だからこそ戒めていること

品質は人の質と心得る

「どんな経営科学も専門技術も、「人の情」を超えることはできません。
喜怒哀楽が理屈ではなく感性として理解でき、
「親身」を信条としてお客様に接していきます。」

出典：日本経営合理化協会会長・牟田學氏の指導を基本に著者が作成

の経営理念である。迷った時は経営理念に沿っているかどうか、可否・進退の判断基準になる。

会社というものはお客様に強く必要とされて、「あなたの会社が存在しないと大変困る」と自社の重要感を高めていただき、結果、健全な利益を出して自立ができるものである。その利益は半分程度、税金支払いとなって社会に還元される。そして、新しい事業の創造にも向けられる。

個人に置き換えると、自分が周りにとって強く必要とされるような生き方をすると、自分自身の自己重要感が高まり、生き生きとして自立していくことができる。すると、さらに前を向き、生きがいを見つけて人生の喜びを享受していく。

強く必要とされて、自己重要感が高くなる、または相手を強く必要として自己重要感を高めてあげる。というのが泥臭く生きてきた私の根本思想にある。

図 5-2 には、経営理念と同時に医療職、技術屋集団だからこそ理念と同時に戒めていることを示す。私にとってお客様からの最大の評価は「お宅は親身だから使いたい」である。皆さんが経営理念をまとめる際、何らかの参考になれば幸いである。

2 戦略を構成する経営思想と実務の概念化

①戦略には「思想」と「能力」のバランスが重要

“戦略”とは本来、戦争用語だが、その本質は長期的かつ全体的な方向性を示すことである。

事業経営はその戦略の有無で将来が決まっていくため、訪問看護ステーションの経営も社長が戦略思考をもっていないと不幸な未来を迎えてしまうことになる。

戦略については、図 5-3 に私が使用してきた長期事業計画概念図を示す。空欄はソフィアメディのこれからに支障になり得るファクターであるため、記載していない。これを参考にすべてのファクターに自分の意志をもった文言を記載して活用してもらえると幸いである。

図 5-3 の戦略は「計画」と「展望」にまとまっていく。なお、「企業は計画していないところから崩れていく」とも言われる。計画とはすべての内容を数字で表現することである。バランスシート（B/S）もここに入る。

展望はビジョンとなるが「これからどこへ向い、何を革新していくのか」を明確に示すことである。ベクトルをまとめ、統合観を高めていく。

この 2 つが整って戦闘（現場での実践）となる。

②成長の方向性はバリエーションで考える

訪問看護ステーションの経営は､成長をしなければ先細りになってしまう。成長には規模の拡大か店舗数の増設が基本となる。成長計画のバリエーションは複数もつことが理想で、4 つの例を紹介する。

◎看護とリハビリが 5 対 5 のバランス型

指定訪問看護ステーション 1 カ所で看護師 5 人、セラピスト 5 人、事務職 1 人。24 時間対応で、対応人数は月 5 ～ 10 人に調整する。ケアマネを加えていく。

◎大規模型

指定訪問看護ステーション1カ所で看護師15人、セラピスト5人、事務職1～2人。24時間対応で、対応人数は月20人ほど受け入れる。さらにケアマネ、定期巡回・随時対応型訪問介護看護を加えていく。

◎機能強化型

指定訪問看護ステーション1カ所で機能強化型を展開する。看護師15～20人、事務職1～2人（セラピストは0人）。24時間365日対応で、要介護3以上の重度の人を中心に受け入れる。さらにケアマネ、看護小規模多機能を加えていく。

◎精神特化型

指定訪問看護ステーション1カ所で医療保険の精神訪問看護に特化して展開する。自社の訪問看護ステーションが近くにあってもお客様の層が異なるため共食いにはならない。専門職の行き来ができるので人材を有効に使えるのがメリット。ケアマネを加えていく。

小規模型でリハビリ頼り、サテライトで弱小規模兼リハビリ頼りは、この先きわめて不安定な構造になる。面取り合戦だけを考え店舗数の多さで満足している場合ではない。こういった形態の存在価値はますます低くなる。

まずは24時間で重度の対応、そして365日対応、認定看護師等資格者の充実、地域教育機関としての機能等を付加していくことが肝心である。

そして、関連性の高い介護事業等を展開し、終（つい）の棲家に値する機能をもった地域包括的な構造にする必要がある。

ほかには、医療法人社団をもって訪問診療と連動すると、よりお客様の利便性の高い組織になる。また、医療法人の存在は訪問リハビリの不安定な将来の見通しにも安心感をもたらしてくれる。

③医療重視の地域包括ケアシステムを意識した展開

さらに、組織が安定し成長していくにはどうしたらいいか。厚生労働省『平成30年版高齢社会白書』では、2017年の65歳以上の高齢者は3,500万人を超えており、2042年には3,935万人でピークを迎えるという。

しかし、医療保険も介護保険も財政的にすでに無理が生じているため、こ

図5-3 長期事業計画概念図

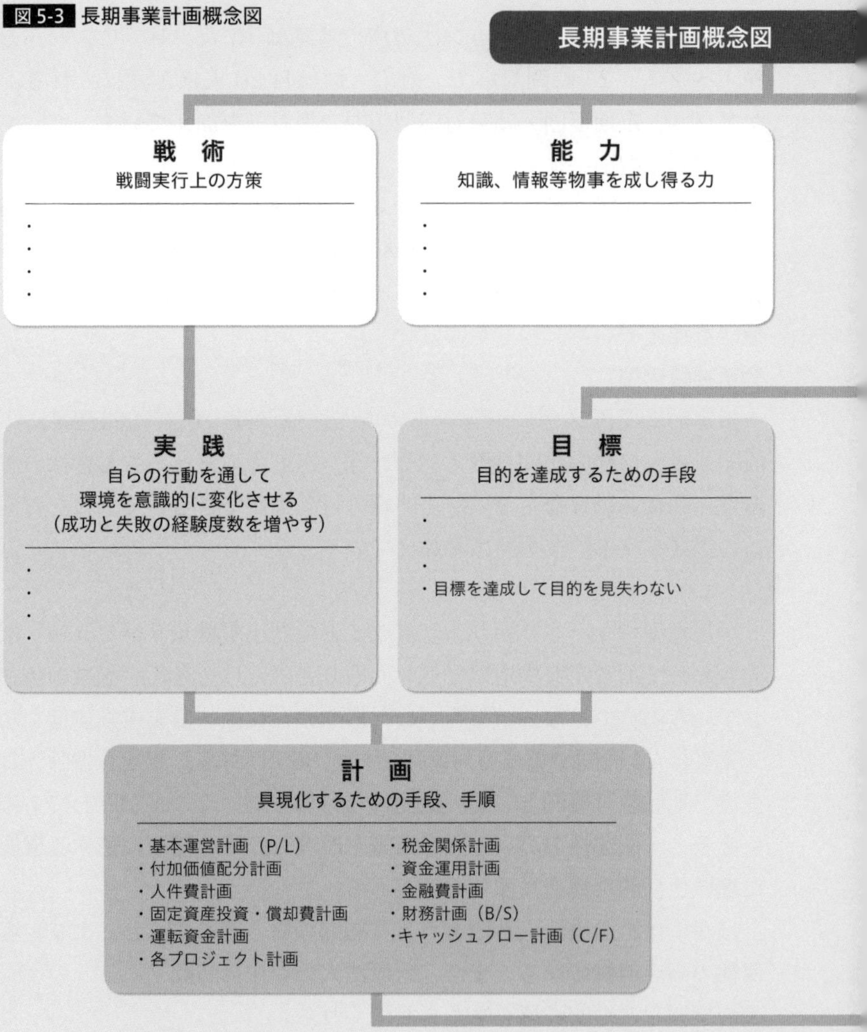

長期事業計画概念図
戦 術
戦闘実行上の方策
能 力
知識、情報等物事を成し得る力
実 践
自らの行動を通して
環境を意識的に変化させる
(成功と失敗の経験度数を増やす)
目 標
目的を達成するための手段
・目標を達成して目的を見失わない
計 画
具現化するための手段、手順
・基本運営計画(P/L)
・付加価値配分計画
・人件費計画
・固定資産投資・償却費計画
・運転資金計画
・各プロジェクト計画
・税金関係計画
・資金運用計画
・金融費計画
・財務計画(B/S)
・キャッシュフロー計画(C/F)

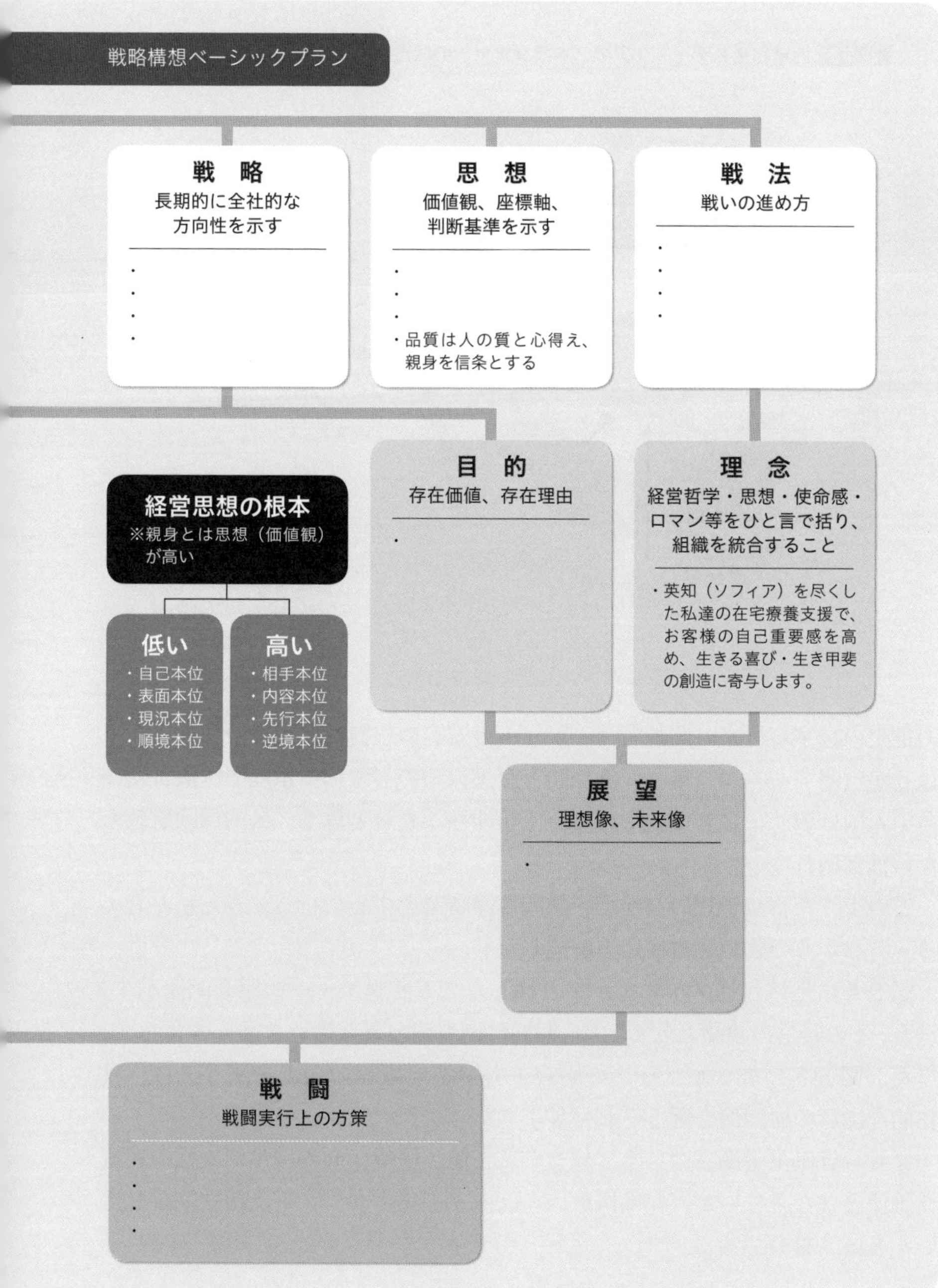
戦略構想ベーシックプラン
戦　略
長期的に全社的な
方向性を示す
・
・
・
・
思　想
価値観、座標軸、
判断基準を示す
・
・
・
・品質は人の質と心得え、
親身を信条とする
戦　法
戦いの進め方
・
・
・
・
経営思想の根本
※親身とは思想（価値観）
が高い
低い
・自己本位
・表面本位
・現況本位
・順境本位
高い
・相手本位
・内容本位
・先行本位
・逆境本位
目　的
存在価値、存在理由
・
理　念
経営哲学・思想・使命感・
ロマン等をひと言で括り、
組織を統合すること
・英知（ソフィア）を尽くした私達の在宅療養支援で、お客様の自己重要感を高め、生きる喜び・生き甲斐の創造に寄与します。
展　望
理想像、未来像
・
戦　闘
戦闘実行上の方策
・
・
・
・

図 5-4 地域包括メディ・ケアのストラクチャーの概念図

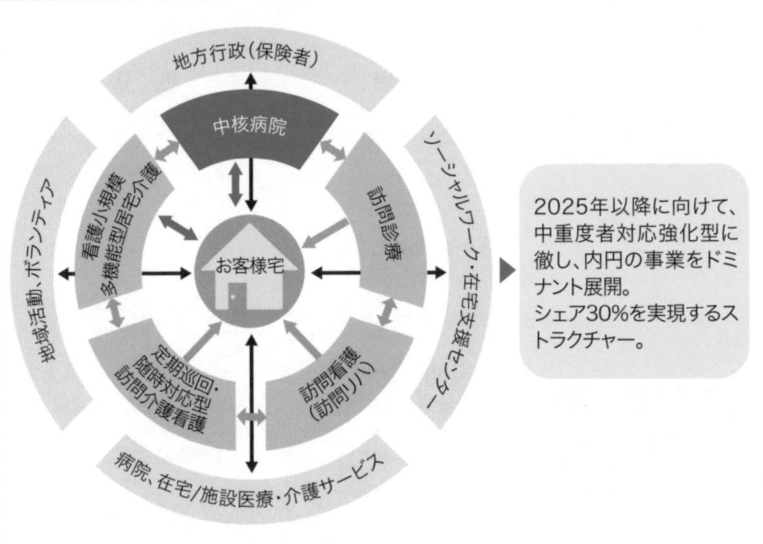

の推定の数字が将来の高齢者マーケットの安泰の根拠にはならないと考えるほうが賢明である。今後、医療保険と介護保険の対象は、重度で医療行為が多い人向けのサービスに絞られていく可能性が高いと思う。公的保険財政もない袖は振れない。

このような将来予想のなかで、訪問看護事業を中心に行ってきた私が考える、これからの強い経営構造を解説したい。

図 5-4 に地域包括メディ・ケアと称したストラクチャーの概念図を示す。また、その経営の要諦として、中長期的に最も強い事業構造を図 5-5 に示す。また、図 5-5 のモデルケースの場合の各事業の概算の売上を図 5-6 に、具体的な出店の展開例を図 5-7 に示す。

これらは厚生労働省のいう、住まい、予防、医療、介護、生活支援の連続性確保とはならないが、在宅医療メニューを充実させ、在宅支援を網羅していくという狙いである。

図 5-5 中長期的に最も強い事業構造

・中長期的に最も強い事業構造とは、

中核病院 ↔ 訪問診療 ↔ 訪問看護（訪問リハ） ↔ 訪問介護

定期巡回・随時対応＆看多機ベースの中重度者対応強化型を実施してシェア30%を実現するストラクチャーである。

・シェア 30%とは、
都内の人口 10 万人の地域の場合、以下のモデルケースを示せる。

> 高齢化率 23.5%（2 万 3,500 人、2017 年度）
> →そのうちの要介護認定率は 18%（≒ 4,230 人）
> →そのうちの中重度者（要介護 3 以上）は≒ 38%（≒ 1,600 人）
> したがってシェア 30%の対象人数は、
> 1,600 人 ×30% ≒ 480 人となる。

図 5-6 各事業の概算の売上

人口 10 万人の地域で、中重度者のシェア 30%（480 人）となる各事業の売上構成

・**訪問診療**：480 人× 8 万円× 12 カ月≒ 4 億 6,000 万円
（良好なクリニックの社員総数は、
4 億 6,000 万円÷ 1,900 万円 / 年・人≒ 24 人程度）

・**訪問看護**：480 人× 5 万円× 12 カ月≒ 2 億 8,800 万円
（良好なステーションの社員総数は、
2 億 8,800 万円÷800 万円 / 年・人≒ 36 人程度）

・**定期巡回・随時対応型訪問介護看護**：480 人中 40 人利用で≒1 億円
（順当な運営をすれば、1 億円÷420 万円 / 年・人≒ 24 人程度）

・**看護小規模多機能型居宅介護**：480 人中 23 人利用で≒ 1 億円
（稼働率 80%の順当な運営で、1 億円÷620 万円 / 年・人≒ 16 人程度）

売上合計
9 億 4,800 万円
社員数 100 人
（1 人当たりの労働生産性は 950 万円）

上記の経営状態であれば、健全に営業利益を 10%前後出すことが可能
➡これに中核病院（100 床規模）を経営できれば、シナジー効果もあって 20 億円の売上が可能である。合わせると、地域包括メディ・ケア拠点のモデルでは、おおむね 30 億円の売上の構造となる。

図 5-7 3 事業を 3 つの地域で展開した場合の例

図 5-6 の事業のなかで、出店しやすい 3 事業に絞り、人口 10 万人規模の 3 地域でシェア 30%に挑戦した場合

※シェア 30%超とは、地域 No. 1 の知名度＋信頼性＋拡大性である。

{ 訪問看護（2 億 8,800 万円）＋ 定期巡回・随時対応型訪問介護看護（1 億円）＋ 看護小規模多機能型居宅介護（1 億円）} × 3 地域

＝売上 14 億 6,400 万円

④コバンザメ商法

コバンザメのように大きい存在にくっついて盲点をついた販売方法がある。例を挙げると、大手ショッピングセンター周りや中型スーパー入り口付近等に簡易的な店舗を構えることである。産地限定の鮮度抜群の野菜を売ったり、「相模湾産」「焼津産」「北海道産」を掲げた魚を売ったりする。

これを医療業界的に言えば大手病院前の門前薬局等だが、名のある調剤薬局が病院前を最も大きく陣取っている。中小病院にも同じように門前薬局があるが、メジャーどころは少なく、地域性の濃い調剤薬局が多い。これが住み分けなのか、特に大手は出店の判断基準が明確なのだと思う。

訪問看護ステーションも同じように大手病院の近隣に開設するという選択はある。すでに事例も多い。しかし、お客様（病院に来る患者様）が第一次商圏だけでなく第二次商圏からも来ているため、労働生産性が低くなり B/E を超えるのが難しいようだ。

そうであれば大手病院の近隣ではなく、訪問診療クリニックと同一建物やその近隣がよいのではないかと考える。

また、公平性の確保という外部からの抑制があるため、訪問診療クリニックはどの訪問看護ステーションともつき合うが、重度に対応できる 24 時間 365 日体制の訪問看護ステーションが便利に感じるだろう。たらい回し的にならず、悪戯に時間がかからず、このほうが正確で早い。何よりお客様の面

倒が省けてストレスが少なくなるのである。

⑤訪問診療クリニックと訪問看護ステーション

私の勝手な経験的統計ではあるが、訪問診療クリニックの医療法人が訪問看護ステーションを経営してうまくいっているところは少ない。医療法人がメディカルサービス（MS）法人※1にして訪問看護ステーションを経営しているところもあるが、訪問診療クリニックの患者様をみる程度で拡大性に乏しい。

そうであれば無理に医療法人が訪問看護ステーションをもつより、近くに開設するよう訪問看護ステーションに提案し、お互いの関係を強化していけばよいと思う。

医療法人が訪問診療の経営で出す利益が1として、苦労して開設した訪問看護ステーションの利益が0であれば、法人全体では1のままである。そうではなく、得意の訪問診療を集中的に強化し、利益を1から1.1に増やすほうが簡単であろう。訪問看護ステーションの経営という余計なことをせず、“本業”を1割増しにするのなら経営上手と言える。

私は訪問看護ステーションの社長が訪問診療クリニックにアプローチして、地場を固めることをお勧めする。訪問看護ステーションの社長が自力で医療法人をもつことも可能ではあるが、資金力や医師の巡り合わせ、面倒な手続きがついて回る。そうであれば、より素早く解決できるコバンザメ商法がお勧めである。

※1 自前の医療法人から委託料や顧問料で利益を移動するという考え方がある。理事長兼院長の親族が取締役を占めていることが多い。

3 訪問看護ステーションの超簡略長期事業計画のつくり方

① B/S は社長の履歴書、P/L は通信簿である

会計や経理、経営数字は嫌い、苦手だから経理担当と税理士、会計士に任せている。このような訪問看護ステーションの社長が多いのではないだろうか。

事実、専門職社長と話をしているとほとんどが経営の数字の根拠づくりに首を突っ込んでいない。損益計算書を把握して管理強化をしている社長に出会うといくらか安堵する。しかし、その多くが損しているか、儲かっているか程度の認識しかない。これでは数字を活かせていない。

社長業は突き詰めると、B/S をいかにつくるかにある。自己資本を積み上げていける体質にしているかが問われる。P/L で赤字ないし売上の 1%程度の黒字しか出せない社長の B/S は散々である。それが 5 年、10 年と続いていたら、いつ倒産してもおかしくない。

いつ倒産してもおかしくない会社に大事な医療サービスを頼むのか。累損だらけで税金も払わない会社が社会貢献になるのか。もし情報開示が義務づけられたらどうなるのだろうか。

そうならないためには、まずは経営方針や戦略と相まって B/S を変化させることである。しかし、創業以来の過去の履歴書（B/S）は変えられないため、心を切り替えて長期的な、将来の数字を創造していくことである。「変化、変化」と大した思想もなく騒いでいる社長もいるが、B/S を優良に変化させることが社長業の「不変の真理」である。

②社長業の神髄は長期事業計画にあり

過去の数字の処理や、税務上の手続きは経理や税理士に任せて、社長は未来の会社のあり方、事業の形態や種類、スクラップ&ビルドなどを考えてほしい。社会の時流や制度や規制の変化を見極めて、長期事業計画書を作成することが社長業の重大責任である。

毎年、この先5年分の自分の考えを、人口動態や業界、地域、競合、社会構造等の変化を加味して書き換えることで、それが大きな自信になり、自分のやるべき任務が明確になる。

長期展望のない社長ほど頼りにならないものはない。訪問看護ステーションを経営していくなかで、ついて来てくれた社員や、新しく入社する社員をできるかぎり厚遇し、いまの安定と将来の成長を感じ、ここにいる安心感と夢を与えることが社長業の真骨頂ではないか。それ以外の役割はないといってもよい。そして、それを実証するのが長期事業計画である。

表5-1～7に「超簡略」と称して（会計の専門家にすればかなり失礼な省略の仕方をしているが)、“社長業の数字”を解説する。

あくまで“掴みで理解する”という姿勢で見てほしい。そして、社長の数字は、千円単位か百万円単位、次は10億円単位であることを知ることだ。枝葉末節にこだわっても業績にはほとんど影響を与えない。しかし、ここではあえてわかりやすくするために万円単位で表現する。

また、概略運転資金計画や長期資金・短期資金の運用計画も参考にしてほしい。B/Sにもっていくための途中計算であるが、要領を覚えておくと会社の数字がすべて配線のごとく繋がって矛盾がなくなる。

ここでは社長が会計学を勉強するのではなく、流れだけを確認してほしい。ともあれ、思想や将来像をすべて数字で語れる社長は魅力が違う。

③経営方針発表会開催の勧め

長期事業計画が完成すると、年度の経営方針・計画が確定してくる。これを経営方針書にまとめて、できれば経営方針発表会を開催し、社長の言葉で思いや方針を説明していくことをお勧めする。300人以上で規模が大きくなると、担当役員や部長に各部署方針発表の時間を割り当ててもよいと思う。

借りものではなく自身が渾身の思いを込めた経営方針書は、話の上手い下手は関係なく、社員の心に沁みこんでいく。琴線に触れる言葉や方針などがあると、感性の豊かな社員は涙を流すこともある。

ソフィアメディは創業以来、経営方針発表会を毎年開催してきたが（初年度の参加者はたった10人くらいであった)、10年目頃の伸び盛りの時期にはすさまじい熱気で、語っている自分も酔ってしまい、壇上で何度も涙を堪えていたこともある。語りながら強く賛同をしてくれる社員の目を見ると、うれしさと責任感でいっぱいになり、万感胸に迫る。命がけでやっている自分を自覚する。

経営方針発表会には必ず来賓を招待するべきである。私は初年度から数人招待して、社員300人を超える頃には25人前後の重要取引先や銀行支店長、経営者仲間、学識経験者、弁護士、会計士の方々、時には近隣の信頼のおける同業社長、どうしてもソフィアの経営方針発表会を見せてほしいという方々などを招いていた。そうすることで緊張感が増し、いい加減な発言ができなくなる。

大懇親会を開催することも大切だ。経営方針発表会は地域で一番のホテルを選択するべきだ。日頃、訪問現場や他部署で苦労をかけている社員の“ハレの日”にすることが肝心である。着物を着つけたり、ドレスアップをして会場は華やぐはずだ。

社長の感性が鈍いと担当の社員に任せきりで、安いだけで魅力のない会場になったりする。女性の多い会社では、なおさらそういったところに気をつけたい。訪問看護の社長は感性7割、理性3割ぐらいが丁度いい。

私は創業7年目頃から恵比寿にあるウエスティンホテル東京のセミナー、宴会会場を貸し切りにして開催している。半年ほど前から担当者が企画し、交渉なども進めていく。

食事は豪華でおいしい、寿司の屋台が出る、自慢のローストビーフや人気中華ありと、1人当たり1万2,000～1万5,000円程度になる。当然、女性たちのリクエストでスイーツを多めにするが、これは人気がある。

また、余興がおもしろい。抱腹絶倒で来賓も一体となってよく笑い、よく語り、楽しい時間になる。寸劇やビンゴ、社長バンド等で楽しませるのだ。

最後は優秀事業所や優秀社員等を表彰する。内容は専門職ごとに社長特別賞等を細分化してあるが、最優秀ステーション賞に選ばれると管理者以下、感極まって美しい涙を流す。看護師やセラピストも人の子なんだと思う瞬間である。周りもつられて目を真っ赤にしているが私も痺れる。この混然一体となっている光景に何度も遭遇したが、社長冥利に尽きるとはこの瞬間のことだと思う。表彰金額は総額約200万円使っていたが、最初は数万円からでよい。そして現金ではなく商品券がお勧めだ。

表 5-1 超簡略　長期概算経営計画作成の条件

No.		項目	内容
1		会社設立	2020 年 1 月設立
		資本金	1,000 万円
		取締役	代表取締役 1 名、取締役 2 名、監査役 1 名
		借入金	当初は 0。いざという時の自己資本として虎の子の 1,000 万円を用意している。
		決算	3 月決算
2		訪問看護立ち上げ	1 月都申請後最短 2020 年 4 月開始
		地域	城南地区のある区内
		人員体制	看護師 3 人（社長込み）、PT1 人、事務職 1 人 = 5 人体制
		人件費構造	年俸制：看護師 460 万円、PT460 万円、事務職 320 万円、社長 500 万円 ※人件費は法定福利費≒ 15%加算する。看護師 529 万円、PT529 万円、事務職 368 万円、社長 575 万円 ※営業職、経理会計の年俸は 430 万円、人件費は 494 万 5,000 円
		戦法	患者様 200 名以上をもつ訪問診療クリニックの真正面の賃貸ビル：80㎡、家賃 35 万円 / 月、将来 20 人まで対応可、自転車 15 台可
		初期投資	不動産賃貸契約費用 240 万円（保証金は 60 万円）、準備諸経費 100 万円 設備、什器、備品等 100 万円、PC、コピー機等 100 万円、看護師紹介料 1 人 100 万円
3	半年後	人員体制	設立時と変わらず
		お客様数	2020 年 9 月末で 50 人
		借入金	資金繰り上、2020 年 7 月末：2,000 万円（金利 1%）
4	1 年後	人員体制	看護師 5 人、PT1 人、事務職 1 人 = 7 人体制
		お客様数	2020 年 3 月末で 100 人
		借入金	増加なし
		売上	看護とリハの加重平均単価 9,200 円 ×30 日 / 月 ÷ 7 日 / 週≒ 4 万円 / 人、年間平均お客様数 50 人× 4 万円× 12 カ月 = 2,400 万円
		人件費	529 万円 / 人 × 3 人 + 368 万円 × 1 人 +575 万円 = 2,530 万円 / 年
		一般経費	家賃、交通費、通信費、事務用品、支払い手数料、水道光熱費、外注費等 = 48 万円 / 月、初年度は紹介料含み 800 万円

表 5-2 超簡略　長期概算売上配分計画とプロフィット&ロス（P/L）のつくり方

売上配分項目	1年目		2年目		3年目	
	比率	金額	比率	金額	比率	
（1）人件費	105.4%	2,530万	60%	3,480万	68%	
（2）教育研修・開発費	0	0	2%	120万	2%	
（3）減価償却費	0	0	0	0	0	
（4）一般経費	33.3%	800万	33%	1,910万	22%	
（5）役員報酬	0	0	0	0	0	
（6）金利返済受取利息	0	0	0.3%	20万	0.2%	
（7）特別損益	0	0	0	0	0	
（8）税金支払費	0	0	0	0	0	
（9）配当金支払費	0	0	0	0	0	
（10）内部留保	−38.7%	−930万	4.7%	270万	7.8%	
計＝売上	100%	2,400万	100%	5,800万	100%	
借入元本返済		−200万		−400万		
期中平均お客様数		50人		120人		
期中平均社員数		5人		8人		
労働生産性		480万		730万		

※累損のため3年目まで税金免除を考慮、年俸は対前年度2% UPを継続する

①5年後に24時間365日をどこよりも充実させて機能強化型で地域シェア20%を目標にする。売上では1億5,600万円をめざす。
営業を強化するため、2年目から総合職営業担当を採用する。社長と営業担当で地域営業を組立てる。また、品質の差別化のため、教育研修・開発費は2年目から売上の2%を確保する。
②期中平均お客様数×平均単価4万円/月×12カ月＝年間売上である（数字はきりよく四捨五入してある）。
③売上÷期中平均社員数＝労働生産性　2年目から700万円台に乗せて毎年少しずつ上げていく。800万円台を狙っていきたい。
これが下がると増客できていないとか、人が多過ぎるなどの問題がある。間接人員も入れて700万円台であれば良好。
※売上配分比率傾向を見ながら、5年先の理想の姿を比率で表してみる。
④3年目以降、内部留保の売上配分比率5%以上をめざしていく。1年目と2年目は人件費と経費を優先し内部留保は最後でよい。
⑤1年目の年報は表5-1のとおり。2年目以降は初年度年俸の2%昇給を基本とする。概算のため人件費に1.02掛けとして計算する。
[2年目] 期中平均社員8人、内訳は看護師4人（うち社長1人）、PT1人、OT1人、営業職1人、事務職1人（年俸は2%昇給を前提）
(529万円×3人＋368万円×1人）×1.02＋（529万円×2人＋494万5,000円×1人）×0.5（通年の半分）×1.02+社長690万円＝3,475万8,000円/年
[3年目] 期中平均社員12人、内訳は看護師8人（うち社長1人）、PT1人、OT1人、営業職1人、事務職1人（年俸は2%昇給を前提）
{(529万円×3人＋368万円×1人）×1.02＋（529万円×2人+494万5,000円

(円)

3年目		4年目		5年目		5年間の計
	金額	比率	比率	比率	金額	
	5,850万	70%	8,400万	70%	1億920万	
	170万	2%	240万	2%	310万	
	0	0	0	0	0	
	1,890万	20%	2,400万	20%	3,120万	
	0	0	0	0	0	
	20万	0.2%	20万	0.2%	30万	
	0	0	0	0	0	
	0	2.8%	340万	2.8%	440万	
	0	0	0	0	0	
	670万	5%	600万	5%	780万	1,390万
	8,600万	100%	1億2,000万	100%	1億5,600万	4億4,360万
	−400万		−400万		−400万	−1,800万
	180人		250人		325人	
	12人		17人		21人	
	720万		710万		740万	

×1人)×1.02}×1.02+529万円×4人×0.5年(通年の半分)×1.02×1.02+社長(917万円:人件費1,100万円)=5,849万9,000円

[4年目] 期中平均社員17人、内訳は看護師10人、PT2人、OT1人、営業職1人、事務職1人、会計総務1人、社長(年俸は2%昇給を前提)
3年目の人件費率は5,850万円/8,600万円=68%のため、4年目は各専門職の基本年俸を相当に上げて人件費比率70%で大手と差をつける。
ちなみに社長の年俸は1,200万円、人件費は1,380万円とする(4年目社長であれば、月100万円程度の給料を貰うべきである)。

[5年目] 期中平均社員21人、内訳は看護師13人、PT2人、OT1人、営業職2人、事務職1人、会計総務1人、社長(年俸は2%昇給を前提)
5年目は目標達成年度である。人件費比率を70%(社長込み)と高めを維持する。
社長の年俸は1,200万円、人件費は1,380万円とする。

⑥一般経費は、2年ほどは看護師紹介やイレギュラーな事態が発生することから比率よりも実態を優先する。3年目あたりから20%程度の一般管理で利益も出やすくなる。

⑦設備投資はないに等しいため減価償却費は0。国保連請求のため貸倒れ引当金は必要ないため特別損益も0となる。

⑧5年間配当金はしないと決めて0とする。

⑨税金支払費と内部留保は密接な関係であるが、ここでは税前利益≒経常利益でもよい。中小企業は30%を税金、残額が内部留保として計算。累積赤字がある場合は最長9年間税金支払が免除されるが、そいう経営をめざしていない。2年目から黒字化する。
5年間の内部留保計は、1,390万円である。資本金2,000万円+借入金2,000万円=4,000万円を5年間投資して得られるリターンである。

表 5-3 超簡略　長期概算人件費と必要人員

毎年基本的に　年俸 2% ↑

項目			1年目		2年目	
			人員	月額給与	人員	月額給与
常勤社員（社長込）	必要人員計画	1年目	5人		5人	
		2年目			3人	
		3年目				
		4年目				
		5年目				
		計	5人	210万8,000	8人	290万
	合計		5人	210万8,000	8人	290万
	人件費係数		12		12	
	年間人件費		5人	2,530万	8人	3,480万
労働生産性			480万		730万	
売上高			2,400万		5,800万	

①非常勤回数制社員も同様な表をつくって検討してほしいが、概算のため常勤社員を前提にした人員体制とする。

②1年目の5人は入れ替わりがあっても定数として5年間の計算をする。2年目以降も同様の考え方である。

③1年目に設定した年俸を毎年平均2%昇給するが、当然成果の優劣で個人差はある。看護師460万円は5年後460万円×1.02（4乗）≒498万円となり、地域競争上決して悪くない年俸である。

④必要人員は売上÷労働生産性で計算するが、間接人員を増やす、2号店人員を養成する等、理由が明確であれば生産性を落としてもよい。たとえば5年目は、売上配分で人件費率70%とした。
よって人件費は1億5,600万円×0.7＝1億920万円、人員は1億5,600万円÷740万円≒21人となる。

(円)

	年俸 2% ↑		年俸 2% ↑		年俸 2% ↑	
	3 年目		4 年目		5 年目	
	人員	月額給与	人員	月額給与	人員	月額給与
	5 人		5 人		5 人	
	3 人		3 人		3 人	
	4 人		4 人		4 人	
			5 人		5 人	
					4 人	
	12 人	487 万 5,000	17 人	700 万	21 人	910 万
	12 人	487 万 5,000	17 人	700 万	21 人	910 万
	12		12		12	
	12 人	5,850 万	17 人	8,400 万	21 人	1 億 920 万
	720 万		710 万		740 万	
	8,600 万		1 億 2,000 万		1 億 5,600 万	

やみくもに人を増やすと生産性が落ちて利益が出ず、経営はどんどん厳しくなる。社長業は、判断基準を明確にもっていることが肝要である。人事担当にはロジックを説明すること。

⑤年俸制により月額給料× 12 倍となるため、人件費係数は 12 である。
年功序列等級号数型では、基本給× 12 カ月＋賞与は基本給の 3 カ月＋残業代等で基本給に対して 16 倍ほどの人件費係数となる。細かく言えば法定福利費、ユニフォーム等も入るが給与だけに絞ってよい。

※概算数字を掴むため、さほど影響しないことは省略した。社長の数字は頭 2 つが合っていればよい。人員や労働生産性の数字は四捨五入で割り切ってある。

出典：スター精密株式会社創業者・故佐藤誠一氏の指導を基本に著者がアレンジ

表 5-4 **超簡略　長期概算貸借対照表 B/S のつくり方**

B/S 参考資料①　概略運転資金計画

売上配分項目		1 年目	2 年目
売掛金	期首売掛金	0	360 万
	売上高	2,400 万	5,800 万
	回収対象額	2,400 万	6,160 万
	回収率	85%	85%
	回収高	2,040 万	5,240 万
	期末売掛金	360 万	920 万
	増減額	360 万	560 万
買掛金	期首買掛金	0	80 万
	一般経費	800 万	1,910 万
	支払対象額（一般経費の 70%）	560 万	1,390 万
	支払率	85%	85%
	支払額	480 万	1,180 万
	期末買掛金	80 万	210 万
	増減額	80 万	130 万

①運転資金計画は売掛金は国保連から年間 85%回収される（サイトは 2 カ月）。
買掛金の支払いは一般経費の 70%を 85%の支払率で支払う。信用ができたら 70%にできないか交渉する。

（円）

	3年目	4年目	5年目
	920万	1,430万	2,010万
	8,600万	1億2,000万	1億5,600万
	9,520万	1億3,430万	1億7,610万
	85%	85%	85%
	8,090万	1億1,420万	1億4,970万
	1,430万	2,010万	2,640万
	510万	580万	630万
	210万	220万	270万
	1,890万	2,400万	3,120万
	1,470万	1,830万	2,370万
	85%	85%	85%
	1,250万	1,560万	2,010万
	220万	270万	360万
	10万	50万	90万

②売掛金（請求金額）と買掛金（経費支払い）の差額がプラスになると運転資金が楽になる。

出典：スター精密株式会社創業者・故佐藤誠一氏の指導を基本に著者がアレンジ

表 5-5 超簡略　長期資金・短期資金の運用計画

<table>
<tr><th colspan="4">項　目</th><th>1 年目</th><th>2 年目</th><th>3 年目</th><th></th></tr>
<tr><td rowspan="10">長期資金運用</td><td rowspan="6">資金調達</td><td colspan="2">税引前利益</td><td>−930 万</td><td>270 万</td><td>670 万</td><td></td></tr>
<tr><td colspan="2">事業税引当、退職金引当等</td><td>100 万</td><td>100 万</td><td>100 万</td><td></td></tr>
<tr><td colspan="2">増資</td><td>0</td><td>0</td><td>0</td><td></td></tr>
<tr><td rowspan="2">長期借入</td><td>借入</td><td>2,000 万</td><td>0</td><td>0</td><td></td></tr>
<tr><td>返済</td><td>−200 万</td><td>−400 万</td><td>−400 万</td><td></td></tr>
<tr><td colspan="2">合計</td><td>970 万</td><td>−30 万</td><td>370 万</td><td></td></tr>
<tr><td rowspan="4">資金使途</td><td colspan="2">税金支払</td><td>0</td><td>0</td><td>0</td><td></td></tr>
<tr><td colspan="2">固定資産投資</td><td>0</td><td>0</td><td>0</td><td></td></tr>
<tr><td colspan="2">長期資金余裕</td><td>970 万</td><td>−30 万</td><td>370 万</td><td></td></tr>
<tr><td colspan="2">合計</td><td>970 万</td><td>−30 万</td><td>370 万</td><td></td></tr>
<tr><td rowspan="6">短期資金運用</td><td rowspan="3">調達</td><td colspan="2">長期資金余裕が使える</td><td>970 万</td><td>−30 万</td><td>370 万</td><td></td></tr>
<tr><td colspan="2">買掛金増加</td><td>80 万</td><td>130 万</td><td>10 万</td><td></td></tr>
<tr><td colspan="2">合計</td><td>1,050 万</td><td>100 万</td><td>380 万</td><td></td></tr>
<tr><td rowspan="3">使途</td><td colspan="2">売掛金増加</td><td>360 万</td><td>560 万</td><td>510 万</td><td></td></tr>
<tr><td colspan="2">運用預金増加</td><td>690 万</td><td>−460 万</td><td>−130 万</td><td></td></tr>
<tr><td colspan="2">合計</td><td>1,050 万</td><td>100 万</td><td>380 万</td><td></td></tr>
</table>

①固定資産に 5 年間は投資しない。

②税金計算は、引当金計算、予定納税、確定納税、未払い法人税の増減と手間のかかる割には概算計算上さほどの額にはならない。スタートアップ企業のため赤字が 2 年続くことで、1 ～ 3 年目まで税金は免れることから計上しない。4 年目と 5 年目の税金

（円）

	4年目	5年目	
	（340万＋600万）940万	（440万＋780万）1,220万	概算P/Lから
	100万	100万	ほかに事業税引当等
	0	1,000万	5年目自己資金投入
	0	0	概算P/Lから
	−400万	−400万	概算P/Lから
	640万	1,920万	
	340万	440万	概算P/Lから
	0	0	
	300万	1,480万	余裕がないと厳しい
	640万	1,920万	

	300万	1,480万	長期資金余裕から
	50万	90万	概算運転資金から
	350万	1,570万	
	580万	630万	概算運転資金から
	−230万	940万	金利を稼ぐ資金
	350万	1,570万	

支払額は、概算数字として340万円、440万円を計上する。内訳は事業税、法人税、法人住民税が主である。

※税金計算を詳しく知る必要はないが、念のため顧問税理士に教えてもらうとよい。

出典：スター精密株式会社創業者・故佐藤誠一氏の指導を基本に著者がアレンジ

表 5-6 超簡略　長期概算貸借対照表：バランスシート（B/S）

項目		1年目		2年目	
		単年	累計	単年	累計
資産	流動資産	1,050万		100万	1,150万
	現預金	690万		−460万	230万
	運用預金	690万		−460万	230万
	売掛債権	360万		560万	920万
	その他（社長貸付等）	0		0	0
	固定資産	0		0	0
	合計	1,050万		100万	1,150万
負債・資本	流動負債	80万		130万	210万
	買掛債務	80万		130万	210万
	長期借入金（2,000万−200万）	1,800万		−400万	1,400万
	退職金引当金	100万		100万	200万
	諸引当金（特別損失）	0		0	0
	資本	−930万		270万	−660万
	資本金	0		0	0
	諸積立金	0		−930万	−930万
	当期利益（税金＋内部留保）	−930万		1,200万	270万
	合計	1,050万		100万	1,150万

① P/L は年度の通信簿であるが、B/S は創業から現時点までの履歴書である。過去は変えられないので未来の B/S で会社を健全化することである。

②社員に対する厚遇姿勢、将来へのリスクヘッジ、お金の貯め方など、社長の考え方や癖が全部 B/S に表れる。損益計算書 P/L を取り繕っても、B/S を見ればプロ経営者にはすぐ問題点がわかる。

③訪問看護事業の社長は、思いや構想、戦略などをすべて配線で繋いだ数字で表現することが肝心である。概算でも自分で P/L ～ B/S を作成できると、部下や内外からも頼もしいリーダーとして信頼される。

④自己資金 2,000 万円＋借入金 2,000 万円＝4,000 万円投じて、5 年後の自己資本比率は、$\frac{2,390}{3,450}$ ≒ 69.3% となる。

スタッフの入れ替え、増客、制度規制など苦労が多かったが、この体質は、なかなかの実力で

(円)

	3年目		4年目		5年目		
	単年	累計	単年	累計	単年	累計	
	380万	1,530万	350万	1,880万	1,570万	3,450万	
	−130万	100万	−230万	−130万	940万	810万	
	−130万	100万	−230万	−130万	940万	810万	(a)
	510万	1,430万	580万	2,010万	630万	2,640万	(b)
	0	0	0	0	0	0	(c)
	0	0	0	0	0	0	
	380万	1,530万	350万	1,880万	1,570万	3,450万	
	10万	220万	50万	270万	90万	360万	
	10万	220万	50万	270万	90万	360万	
	−400万	1,000万	−400万	600万	−400万	200万	(d)
	100万	300万	100万	400万	100万	500万	(e)
	0	0	0	0	0	0	
	670万	10万	600万	610万	1,780万	2,390万	(f)
	0	0	0	0	1,000万	1,000万	(g)
	270万	−660万	670万	10万	600万	610万	
	400万	670万	−70万	600万	180万	780万	(h)
	380万	1,530万	350万	1,880万	1,570万	3,450万	(i)

あると思う。

$$\left.\begin{array}{l} ROA = \dfrac{780}{3,450} \fallingdotseq 22.6\% > 10\% \\ ROE = \dfrac{780}{2,390} \fallingdotseq 32.6\% > 15\% \end{array}\right\} \text{は優良企業である。}$$

⑤6年目以降は、10年目までに2、3号店も同様の経営成果を上げて、売上総額5億円をめざしていく自信がついた。

(a) 金利のつくお金
(b) 期末－期首
(c) 通常、社長の使途不明金が多い
(d) 資金繰り上2,000万円借りた
(e) 1年目から退職金積立をする
(f) 自己資本：利益を貯めること
(g) 5年目で自己資金1,000万円増資
(h) 簡易的に経常利益－税金支払費
(i) 5年間で貯めた資本総額

出典：スター精密株式会社創業者・故佐藤誠一氏の指導を基本に著者がアレンジ

表 5-7 超簡略　長期概算経営指標の見方

項　目	1 年目	2 年目	3 年目	4 年目	5 年目
総資本収益率	―	23.5%	43.5%	50.0%	35.4%
売上高利益率	―	4.7%	7.8%	7.8%	7.8%
総資本回転率	―	5.0 回	5.6 回	6.4 回	4.5 回
流動比率	―	574.6%	695.5%	696.3%	958.3%
現金比率	―	109.5%	45.5%	48.1%	225.0%

・総資本収益率＝税引前利益÷総資本　10%以上は優良
・売上高利益率＝税引前利益÷売上高　10%以上は優良
・総資本回転率＝売上高÷総資本　2 回以上は正常
・流動比率＝流動資産÷流動負債　120%以上で安全圏
・現金比率＝現預金÷流動負債　30%が最低限度
（税引前利益＝今回は税金支払費＋内部留保）

※私は収益分析、健全度分析、成長性分析、生産性分析、資金調達分析、運転資金分析、付加価値配分分析、配当性向、人件費係数と 30 項目の経営分析指標を使い経営判断をするが、通常この範囲の分析で優良を判断しても問題はない。

出典：スター精密株式会社創業者・故佐藤誠一氏の指導を基本に著者がアレンジ

第6章

ソフィア経営塾で
将来の幹部・起業家を育成

1 健全経営を継続できる経営者を育成する

私は将来の幹部や起業家を育成するため、ソフィア経営塾（以下、経営塾）を2010年から実施してきた。訪問看護や介護業界の社長、将来独立を希望する者、経営管理に強い興味のある社員が対象である。

経営塾は1クール、15人以内に限定し、1回4～6時間を年7～8回実施する。業界の社長からは料金（ソフィアメディの収入として）をいただくが、社員はすべて無料である。昼食代または親睦会費、最後の表彰記念品代等は全額私が負担する(私は花束の1つももらったことがない。清廉である)。恩着せがましいが、社員にとっては至れり尽くせりではないだろうか。

全国から噂を聞いた経営者からも一定の問い合わせがあるが、対象者は都内近郊に絞ってきた。介護保険業界経営の実学を指導するが、在宅サービスを中心とした骨太な社長の養成を信条にしている。皆さんが成功するよう、また赤字から黒字化して健全な経営になるよう、私の経営哲学や法則、方程式を伝えていた。

しかし、社員数やスタートアップの状況、会社の経年数がさまざまであるので、塾生の目線を統一するため、ある時から塾生は社員に絞っている。

講義はやわな内容ではなく、七転八倒しながら熱い思いと経営数字を一致させていく長期事業構想や計画を自力で作成するものだ。

人間学も教えるが、基本のP/LからB/S、C/Fまで自分でできるようにもっていく。パソコンを使えば楽に計算できるところ、その意味や手の打ち方、手腕を増やすために、あえて電卓で前段前後の数字の繋がりを確認しながら進めている。

過程にはいくつものファクターがあるが、思いつきや流行を追う経営ではなく、将来にわたって社会に強く必要とされる経営をめざしていく。

自分の創造力や叡智が試されるが、専門職が“専門馬鹿”を実感する瞬間でもある。社長業を成功させたいのであれば、捨てるものや身につけるものを割り切る英断が肝心であることを知り、やはり基本は一番にお客様、そして社員や家族、後に株主≒自分という順序を自覚することになる。

経営塾は12月で修了となるが、その時に自社（各自）の長期事業計画を発表してもらう。塾生は皆、これに力を入れてくる。想像力があり可能性の豊かな人もいれば、医療職の枠組みから出られず視野の狭い人もいて、社長にならないほうがいいと思う社員もいる。

最後は私が最優秀者と優秀者を表彰する（記念品は高名なブランドのクリスタルの置物である）。

2 弟子の成長が何よりうれしい

経営塾は私のわがままではじめたが、塾生のOTの女性が、地元の沖縄に帰ってご主人と開業して5年経ち、経営が順調との知らせをもらった。また、STの男性が登戸で独立開業して3年。すでに訪問看護経営で立派な成績を出している。私の長期入院中も彼がお見舞いがてら経営報告に来たが、弟子の成長は何よりうれしい。いつも「出藍の誉れ」をめざせと言っている。

そして、介護職から看護師資格を取得し、経営者デビューとなる、2019年10月に横浜市中区根岸で精神障害者専用のグループホームを開設する苦労人の弟子がいる。経営は学歴や学問を詰め込んでも成功の実現は保証されない。実学の経験値と達人たちの暗黙知を知恵に変えることが肝要で、この女性は高い感性をもち、そのツボを知っている。今後大きく開花する経営者になると太鼓判を押す。

おわりに

2018年4月から2019年1月の約10カ月、昭和大学病院に入院していた。2017年10月には、骨髄異形成症候群（MDS）から急性骨髄白血病（AML）に移行したため、造血幹細胞移植でしか救いがないところに立っていた。

4回目の非常にきつい抗がん剤投与のあと、無菌室で白血球を0レベルにして臍帯血による移植となった。成功率の高いドナー移植は、時間の関係上適任者が見つからなかったのである。主治医から言われた成功確率はあてにならないが、10%とも30%とも言われていた。「だめなら仕方がない」。

幸いにも、臍帯血による移植の1カ月後に移植した細胞が定着したようだという判定が出た。この間の体調不良はとても言葉では表せない。2回のICUでそれぞれ1カ月過ごし、心機能の低下から腎不全を起こして人工透析になってしまった。2回目のICUでは、信田専務取締役と家内が「社葬にすべきか」といった話まで出たという。その間の記憶はまだらで、幻想や幻聴があり、頭部のMRIを2回とったという。幻想のなかで憂慮すべき事態が起きたと思い込み、顧問弁護士を病院に呼んでしまったこともあった。

移植から2カ月と少し経過した時に実母が亡くなった。一人暮らしで夜中に心筋梗塞を起こした。可哀そうやつらいなんて心情ではない。私は当時、誰よりも感染症になりやすい体であったが「看護師を2人つけて、ストレッチャーで岐阜へ連れていってくれ」と何度も頭を下げて懇願したが、当然、主治医は許さなかった。「自分の葬式もあげることになる。水谷さん、それを誰が喜びますか？」と言った主治医は、斜に構えているようでいても、目にいっぱいの涙を溜めていた。

それを見せられたら言うことを聞くしかない。しかし「こんな親不孝はない」と、この時の私は深く沈んで、自分を攻める暗黒のなかにいた。文字通り塗炭の苦しみだった。書けばこれで1冊の本になるほどの凄惨な闘病生活であった。

現在は週3回の人工透析を行い、9月には膀胱がんステージ1で手術をしたところである。また、抗がん剤の副作用による心機能低下に加え、足の甲や裏、指、手の指先が痺れて歩行が困難である。そして、きつい味覚障害がある。さらに移植の拒絶反応であるGVHDが体の各所に現れ、皮膚がボロボロな部分もある。

身体障害者障害程度等級の1級であり、病気のデパートだが「心と頭は病んでないからね」と皆に気炎を吐き、経営実務に少しずつ復帰している。30年以上の業界経営経験と尋常ではない大病経験は、誰よりも経営のツボと患者様（お客様）の気持ちを理解する経営者になったと自信をもつ。

闘病中の気持ちの張りになっていたのは、長女の結婚式にどんな姿になっていても参列することであった。それと根っからの実業家魂である。

ここに文面を割いて恐縮であるが、医師や看護師、セラピストの皆様を中心に在宅医療サービスの経営をしてきたなかで、指定訪問看護ステーションの規制に捕らわれないシステムを検討していた。あとは事業構造の構築を任せる最高情報責任者（CIO）と最高執行責任者（COO）の選任とタイミングだ。こんな構想を練っていると病気は他人事になる。退院時に主治医や消化器外科医、循環器担当医や病棟看護師チームも、生き残ったことが不思議だと言った。家内も同感だと言った。セントケアの村上会長には“ターミネーター”だと化物扱いをされた。

指定訪問看護ステーションの経営はまさに時流であり、この先の人口動態予測を鑑みても持続的に存在価値の強いサービスである。しかし、事業者は過剰になって選別は厳しく、下手な経営は淘汰されていく。真にお客様と社員を大切にして、地域の評価を高めていく、骨太の経営をする社長たちが必要になってきた。本書、『訪問看護の社長業』にはその想念を込めている。

なお、本書を執筆するにあたって、敬愛するソフィアメディやホームアレークリニック職員の皆様、そして、ご縁の深い地域各所の皆様には心から感謝の気持ちを伝えたい。また、日本医療企画の星野部長、高橋主任にはたくさんのお力添えをいただいたことに深くお礼を申し上げたい。ほかに長期入院中にお見舞いに駆けつけていただいた師匠や先輩、経営者仲間、特に日本ケアサプライの渡邉勝利元社長、金子博臣現社長には合弁会社の運営でもお世話になり、母体の三菱商事様からは3年間優秀な社員様の出向で協働していただくなど、その懐の深さに感謝することしきりである。

幼少期から一緒だった岐阜の同級生たち、高校剣道部仲間にはこの場を借りて感謝の意を伝えたい。これが励みになった。

最後になるが感染症にかかりやすい虚弱な体は、2019年1月末に退院して以降、敗血症で1回、肺炎で2回も救急車で運ばれて、その都度ICUに入ったが、その3回とも命拾いした。大病前後の私を毅然と支援してくれている妻や娘たち、愛猫たちのお陰である。家族には慈愛の念が深まるばかりである。

2019年12月　著者

●著者プロフィール

水谷和美（みずたに・かずみ）

1959年5月、岐阜県生まれ。1982年4月、アイエヌジー株式会社（建設コンサルタント業）に参画、取締役に就任。1983年3月、アイエヌジー株式会社の取締役を中心に日本福祉サービス株式会社（現セントケア・ホールディング株式会社）を創業し、取締役として参画（専務取締役を経て2002年6月に退任）。1997年4月、公益社団法人かながわ福祉サービス振興会に設立発起人理事として参加（副理事長を経て、2015年6月退任）。2000年4月、品川区介護サービス向上委員会の委員を拝命（第6期品川区介護保険制度推進委員まで務める）。2002年8月、ソフィアメディ株式会社を創業、代表取締役に就任。2011年9月、医療法人社団ホームアレーを設立、最高経営責任者に就任。2017年3月、一般社団法人訪問看護エデュケーションパーラー理事長に就任。2018年1月、ソフィアメディ株式会社代表取締役を退任後、会長に就任。

訪問看護の社長業
最高のサービスを生み出す組織のつくり方

2020年1月20日　第1版第1刷発行
2023年2月13日　第1版第5刷発行

著　者　水谷 和美
発行者　林　諄
発行所　株式会社日本医療企画
〒104-0032　東京都中央区八丁堀3-20-5
S-GATE八丁堀
TEL03-3553-2861（代）
FAX03-3553-2886
http://www.jmp.co.jp
印刷所　図書印刷株式会社

ISBN978-4-86439-886-2　C3034
定価はカバーに表示しています。